# Inhalt

# Vorwort

Bocksdorf, eine kleine Gemeinde im Südburgenland, dem
äußersten Osten Österreichs, eine Streusiedlung, zirka
achthundert Einwohner, richtige Bauern gibt es nur mehr
wenige, die meisten arbeiten auswärts, so genannte Pendler.
In diesem Dorf lebe ich seit fast zehn Jahren. Durch Zufall
stieß ich eines Tages am Bocksdorfer Friedhof auf das Grab
von zwei Polen, Stanisław Grzanka und Stanisław Mędrek,
die laut Inschrift im April 1945 ums Leben gekommen sind.
Ihre Grabstätte trägt als Einzige auf dem ganzen Friedhof
die ominöse Bezeichnung »Kriegsgrab«. Was führte die
beiden Stanisławs nach Bocksdorf, wie fanden sie hier, achtzehn und zwanzig Jahre alt, ihren Tod? Das versuchte ich in
Gesprächen mit Dorfbewohnern, die sich an jene Zeit erinnern können, herauszufinden, ein paar wesentliche Fragen
blieben offen, wie so oft bei solchen Geschichten, die lange
zurückliegen und unangenehme Dinge berühren.

Oft waren, wie im Fall der beiden Polen, Zufallsfunde
die Auslöser für eine Recherche, etwa ein Packen Fotografien aus einem unbekannten Ort im von Hitlerdeutschland
besetzten Polen, die mehrheitlich Juden zeigen. Die Bilder
entdeckte ich in einem Wiener Antiquariat. Wer hat sie
aufgenommen? Ein Österreicher in Wehrmachtsuniform?
Und was ist mit den Menschen geschehen, die wir auf den
Bildern sehen? Wurden sie alle ermordet? Hat der eine
oder die andere überlebt? Auch in dieser Reportage gibt es
mehr Fragen als Antworten.

Fundstücke sind auch die Fragmente von Dokumenten,
die Auskunft geben über die jüngste Vergangenheit Öster-

reichs, über die so genannten Arisierungen in Amstetten in Niederösterreich, mit denen mein eigener Großvater befasst war, oder über das Schicksal der Zigeuner in vier südburgenländischen Gemeinden. Die Beispiele sind nichts weiter als Momentaufnahmen, zufällig ausgewählt, willkürlich beinahe, dennoch sind sie, meines Erachtens, aussagekräftig.

Die Texte in diesem Band umfassen einen großen Zeitraum, die früheste hier abgedruckte Reportage erschien erstmals vor sechsundzwanzig Jahren in der von Hans Magnus Enzensberger begründeten und herausgegebenen Zeitschrift *TransAtlantik*, die es nicht mehr gibt. Einige Geschichten stammen aus den neunziger Jahren, sie behandeln, schlaglichtartig, die Entwicklung nach dem Zusammenbruch des Kommunismus, die damit einhergehenden Erschütterungen und Brüche, an denen die Gesellschaften Mittel- und Osteuropas bis heute laborieren, auch in so genannten Vorzeigeländern, die solide demokratische Verhältnisse und eine robuste Wirtschaft aufweisen. Die rasante wirtschaftliche Entwicklung der letzten Jahre hat die Schwierigkeiten meist eher verschärft als beseitigt. Neben neuen Problemen, eine direkte Folge des rücksichtslos durch die Länder fegenden Turbokapitalismus, wurden alte, längst überwunden geglaubte von Neuem virulent, voran der Nationalismus, der in einigen Übergangsgesellschaften ebenso üppige wie giftige Blüten treibt.

Wenn ich es unternehme, frühe Arbeiten neben neue, hier erstmals publizierte Texte zu stellen, dann in der Absicht, die Zeit des Übergangs, der Transformation ins Gedächtnis zu rufen: Einerseits ist sie bereits Geschichte, Vergangenheit, mit der sich Historiker befassen, andererseits ist sie noch lange nicht abgeschlossen und wirkt weiter. Die diese Übergangszeit begleitenden Ängste und Unsicherheiten sind heute vielleicht an den Rand gerückt, werden zunehmend aus dem Blickfeld verdrängt, nicht zuletzt durch die neue Erfolgspropaganda, die sich am hohen Wachstumstempo der ehemals kommunistischen Volkswirtschaften Mittel- und Osteuropas selber berauscht. Doch die Probleme sind nicht verschwunden, wir brauchen nur genau hinzuschauen und hinzuhören, vor allem an der Peripherie, in abgelegenen, vom großen Entwicklungsschub abgeschnittenen Regionen, um die erstaunliche, manchmal beängstigende Entdeckung zu machen, dass manches, was wir für vergangen hielten, nach wie vor existiert oder in neuem Gewand wieder auftaucht, wie wir das auch aus unseren Ländern kennen. Der Antisemitismus ist oft zur Fremdenfeindlichkeit mutiert.

Die Zeit des Umbruchs, ihrem Wesen nach eine Periode unablässiger Bewegung, die vielen Menschen Furcht einjagt, weil sie sich vom Neuen überfordert, an den Rand gedrängt fühlen, erscheint mancherorts wie erstarrt, wie festgefroren.

Es sind einzelne Ereignisse, Erlebnisse, Begegnungen, die größere Zusammenhänge und Entwicklungen besser verständlich machen. Manchmal sind es einzelne Tage. Für mich begann der Zusammenbruch des kommunistischen Osteuropa, dessen Nachbeben wir heute noch spüren, am 18. August 1980. Ja, genau an diesem Tag. Natürlich ist dieses Datum willkürlich, völlig subjektiv, aber ist das nicht oft so mit historischen Ereignissen, die sich einer präzisen Datierung entziehen? An diesem Tag, es war ein Montag, flog ich im Auftrag eines deutschen Nachrichtenmagazin nach Polen, um über die kurz zuvor ausgebrochenen Streiks an der Ostseeküste zu berichten. Schon bei der Passkontrolle am Flughafen Okęcie in Warschau wurde ich festgehalten, ein paar Stunden lang, ohne Erklärung, dann erschien ein finster dreinblickender Offizier, ich war inzwischen der einzige Reisende in der Ankunftshalle, und informierte mich in barschem Ton, ich sei unerwünscht in der Volksrepublik Polen und möge das Land umgehend verlassen. Während er das sagte, geriet er ohne ersichtlichen Grund zunehmend in Rage, so dass ihm am Ende beinahe die Stimme versagte.

Das verzerrte Gesicht des Offiziers, seine vor Wut kippende Stimme, mit der er mich zur unerwünschten Person erklärte, vor allem aber die Tatsache, dass die kommunistischen Behörden sich überhaupt die Mühe machten, für einen Unbekannten wie mich die große Repressionsmaschine anzuwerfen, mich auf eine schwarze Liste zu setzen, gewichtig zur *persona non grata* zu erklären und des Landes zu verweisen, war für mich beinahe ein Schock. So hatte ich die Vertreter des kommunistischen Regimes noch nie erlebt, weder in Polen noch anderswo, bislang waren sie mir immer ruhig und überlegen gegenübergetreten, kalt und unnahbar, nun wirkten sie mit einem Mal aufgeregt, hysterisch, ängstlich beinahe.

Wo vorher Selbstsicherheit und Arroganz waren, saßen nun Unsicherheit und Zweifel.

Ich will damit nicht sagen, ich hätte schon an jenem Montag im August 1980 den Niedergang des polnischen Regimes vorausgeahnt, in dem viele den Anfang vom Ende des osteuropäischen Kommunismus überhaupt sehen wollen, doch irgendwie spürte ich, dass sich etwas verändert hatte, die starre Ordnung war aus dem Gleichgewicht geraten, die glatte Fassade hatte Risse bekommen.

Diese Verwerfungslinien versuchte ich in der Folge in Reportagen und kurzen Texten nachzuzeichnen, anhand von Begegnungen und Ereignissen, die mir, bei aller Nebensächlichkeit, wie Signale erschienen. In Ljubljana besuchte ich 1984 die Performance einer Schwulenband namens »Borghesia«, nicht irgendwo im Untergrund, sondern im offiziellen Studentischen Kulturzentrum. Noch wenige Jahre zuvor wäre so etwas undenkbar gewesen. Das gilt auch für die Auftritte der Gruppe »Laibach«, eine ungeheure Provokation für die herrschenden jugoslawischen Kommunisten, die die heroische Partisanengeschichte zur unverrückbaren Ideologie erklärt hatten.

Der zweite große Totalitarismus des 20. Jahrhunderts, der Nationalsozialismus, war viel früher zusammengebrochen, dennoch kann von einer restlosen Aufarbeitung dieser Geschichte keine Rede sein. Was den Kommunismus angeht, war ich immer nur ein, zugegeben interessierter, manchmal auch involvierter Zaungast, ein Beobachter von außen, für den Nationalsozialismus kann ich das leider nicht behaupten. Ich stamme aus einer Familie eingefleischter Nationalsozialisten, die ihre Überzeugung nie verleugneten und schon gar nicht aufgaben. Das hat mich seit frühester Kindheit geprägt und naturgemäß mein Sensorium für alles geschärft, was mit dieser Zeit zusammenhängt.

Die erste hier abgedruckte Reportage aus dem Jahre 1982 beschäftigt sich mit einem unbehelligt in Deutschland lebenden Kriegsverbrecher, Mitglied der SS, des SD und der Gestapo, wie mein Vater. Auf ihn war ich durch meinen damaligen Warschauer Vermieter gestoßen, einen jüdischen Intellektuellen, der es sich in den Kopf gesetzt hatte, den Mann, in dem er einen der Hauptverantwortlichen für die so genannte »Endlösung« sah, einer späten Gerechtigkeit zuzuführen, eine Aufgabe, an der er nach jahrelangem Kampf verzweifelt scheitern sollte.

Waren es jedoch nicht eher die Gesellschaft und die Gerichtsbarkeit, die polnische ebenso wie die deutsche, denen man ein Scheitern, ein Versagen unterstellen könnte, weil sie einen Überlebenden des Holocaust durch Teilnahmslosigkeit, Gleichgültigkeit und Wegschauen in die Verzweiflung trieben?

Es sind einzelne Menschen wie Julian Leszczyński, Stanisław Grzanka und Stanisław Mędrek, namenlose Juden in einer unbekannten polnischen Stadt, ein Übersetzer aus Weißrussland, Flüchtlinge aus Bosnien, ein jüdischer Überlebender in der Ukraine, ein Studienfreund aus Warschau, aber auch der SS-Obersturmbannführer Rolf Heinz Höppner oder mein geliebter Amstettner Großvater, derer in diesen Texten gedacht wird, um ihre Schicksale und ihre Taten vor dem Vergessen zu bewahren.

# Unheimliche Normalität

Mein Großvater war wunderbar. Solange ich zurückdenken kann, war er stets gut zu mir, voller Liebe und Verständnis. Am schönsten war es, wenn er mir Geschichten erzählte, von seiner Kindheit in einem kleinen Ort namens Tüffer und von der Jagd in der Gottschee. Dort, in der deutschen Sprachinsel südlich von Ljubljana, hatte Großvater vor dem Ersten Weltkrieg als junger Rechtsanwalt gearbeitet, doch davon erzählte er nie, sondern immer nur von seinen Jagdabenteuern in den unwegsamen Wäldern der Gottschee, in denen Wölfe und Bären hausten. Sein Heimatort Tüffer, das fand ich erst heraus, als er lange tot war, liegt in der ehemaligen Untersteiermark, die nach 1918 dem neu entstandenen gemeinsamen Staat der Serben, Kroaten und Slowenen zufiel.

Mein Großvater war allerdings schon vor dem Ersten Weltkrieg, aus freien Stücken, aus den von Slowenen und Deutschen besiedelten Gebieten in eine niederösterreichische Kleinstadt gezogen. Nach Amstetten. Dennoch fühlte er sich als Vertriebener. Man hat uns die Heimat weggenommen, sagte er manchmal zu mir, und dabei wurde er jedes Mal laut und heftig.

Er war ein großer, massiger Mann mit in meinen Augen riesenhaften Kräften, die er nur dazu nutzte, um mich vor imaginären Gefahren zu beschützen, etwa vor schnaubenden Ebern, von denen er auf unseren Wanderungen in der Umgebung von Amstetten so eindringlich zu erzählen verstand, dass ich förmlich ihren heißen Atem im Nacken zu spüren glaubte. Ich weiß noch, wie ich erschrak, als ich erfahren musste, dass der bewunderte Großvater in Wahrheit ein alter, kranker Mann war. Es war auf einer dieser Wanderungen, als er mitten im Schritt innehielt und zu schnaufen begann, wobei er sich schwer auf meine Schulter stützte wie auf einen Stock. Ich glaube mich zu erinnern, dass er schwankte, beinahe stürzte. Als ich ihn besorgt fragte, was er habe, erklärte er, mühsam nach Atem ringend, er sei krank, das Herz und die Lunge machten ihm zu schaffen. Das habe er sich im Lager zugezogen, in das ihn böse Menschen gesperrt hätten. Diese hätten ihn Wochen und Monate eingesperrt, bei Wasser und Brot.

Ich weiß nicht mehr, ob er schon damals den Namen Glasenbach erwähnte, doch wenn er später vom Lager erzählte, was ihn große Überwindung zu kosten schien, nannte er es Glasenbach. Ich wusste damals weder, was ein Lager war, noch, wo dieses Glasenbach lag; mich beeindruckte vor allem, dass der Großvater dort (seinen eigenen Worten zufolge) nur Wasser und Brot bekommen hatte. Keinen mürben Speck, den wir beide so gern aßen, keine duftende Bauernbutter, keine Nusspotitze, die Großmutter jedes Mal buk, wenn ich nach Amstetten kam, und keinen Most, den Großvater bei den Bauern trank, wenn wir auf unseren Wanderungen in einem Hof einkehrten. Nur Wasser und Brot. So stellte ich mir die Hölle vor.

Ich versuchte zu begreifen, warum der Großvater, der beste Mensch auf der Welt, so hart bestraft worden war. Hart und vor allem ungerecht, denn schließlich hatte er nie jemandem etwas zuleide getan, wie mir meine Großmutter versicherte, als ich sie einmal danach fragte. Ihn selber wagte ich nicht zu befragen, weil ich Angst hatte, ihn damit zu kränken. Er hat nie etwas Unrechtes getan, sagte Großmutter apodiktisch, und trotzdem hat man ihn eingesperrt und gequält, aus reiner Willkür, nur weil er ein Nazi war.

Ein Nazi. Die Bedeutung dieses Wortes war mir damals nicht klar, ich wusste nur, dass wir alle Nazis waren, ich vermutlich mit eingeschlossen. Wir waren Nazis und Opfer. Wir, das waren die Großeltern und mein Vater, der tot war, mein Onkel und die meisten Freunde und Verwandten in Amstetten. Sie alle hatten nach 1945 viel verloren, wie sie oftmals erzählten, Besitztümer und berufliche Positionen: Ich erinnere mich an die Gespräche der Erwachsenen, in denen von den Plünderungen und Vergewaltigungen der Russen die Rede war, von Prozessen und Aufenthalten in Lagern, von schweren Haftbedingungen und Berufsverboten, mit denen die braven und anständigen Menschen niedergezwungen und gebrochen werden sollten. Sie sprachen von der Unrechtsjustiz der Sieger und den brutalen Verfolgungen, denen sie und ihresgleichen ausgesetzt waren. Alle waren sie, waren wir unschuldige Opfer.

Großvater war im Jahre 1945 verhaftet und ins amerikanische Internierungslager »Marcus W. Orr« in Glasenbach bei Salzburg gebracht worden, wo er bis 1947 einsaß. Er war 1931 in die NSDAP eingetreten und in den Jahren der Illegalität, zwischen 1933 und 1938, mehrmals wegen nationalsozialistischer Betätigung eingesperrt worden. Nach dem »Anschluss« wurde er zum Kreisrechtsamtsleiter der NSDAP in Amstetten ernannt. Er war überzeugt vom Nationalsozialismus, und er diente ihm bis zum Schluss treu und begeistert.

Aber Schuld? Schuld hatte er keine auf sich geladen, er war immer anständig geblieben, anständig und aufrecht. So sah man es in der Familie und in den Kreisen der Gleichgesinnten – man hatte den Krieg verloren, jedoch nicht die Überzeugung. und so wurde es an mich weitergegeben. Wir, dein Großvater, dein Vater (der bei der SS und der Gestapo gedient hatte), dein Onkel und alle anderen haben nie etwas getan, dessen sie sich schämen müssten, wir haben aus Idealismus gehandelt und an die Sache geglaubt, und wenn man uns jetzt bestraft, dann nur, weil wir besiegt wurden.

Dass mein Großvater als Rechtsanwalt an zahlreichen Arisierungen in Amstetten und Umgebung mitgewirkt hatte, erfuhr ich erst, als ich für das Buch über meinen Vater recherchierte. In der Familie wurde über dieses Thema nie gesprochen. Auch nicht über die Einsätze meines Vaters in Polen und in der Slowakei, als Leiter eines Sonderkommandos der berüchtigten Einsatzgruppen. Dafür wurden heroische Geschichten von der Großmutter erzählt, die nach der Verhaftung des Großvaters von Pontius zu Pilatus gelaufen und sogar bis zum Bundespräsidenten vorgedrungen war, um die Entlassung ihres »unschuldig eingesperrten« und obendrein kranken Mannes zu fordern (nicht zu erbitten), was ihr schließlich auch gelang. Er wurde im Juli 1947 entlassen; im Juni 1950 wurde die Anklage gegen ihn wegen Hochverrats (als illegaler Nationalsozialist) mit Gnadenentschließung des Bundespräsidenten zurückgenommen. Das konnte nichts daran ändern, dass er sich als unschuldig verfolgtes Opfer betrachtete und von Gleichgesinnten als solches angesehen wurde.

Mein Großvater war kein Einzelfall, solche wie ihn gab es in Österreich nach 1945 viele. Sie alle empfanden sich als Opfer. Als Idealisten, die alles für die Volksgemeinschaft gegeben hatten und nun diskriminiert, drangsaliert, hart

bestraft wurden. Mit diesen Opferlegenden bin ich aufgewachsen, sie wurden wieder und wieder erzählt. Besonders
eindrucksvoll war die Schilderung von der Hinrichtung
Ernst Kaltenbrunners in Nürnberg. Angeblich war der aus
meiner Heimatstadt Linz gebürtige Chef des Reichssicher-
heitshauptamtes aufrecht und schneidig zum Galgen ge-
schritten und hatte, die Schlinge schon um den Hals, den
alliierten Richtern entgegengeschleudert, es sei ihm eine
Ehre, vom ungerechtesten Gericht der Welt verurteilt und
gehenkt zu werden. Mit leuchtenden Augen und bewegter
Stimme wurde vom Kaltenbrunnerschen Heldentod erzählt – auch er war einer von uns, ein unschuldig Verfolgter.

Dass die Nationalsozialisten den Krieg vom Zaun gebrochen und alles daraus folgende Unheil selber auf sich
geladen hatten, wurde heftig bestritten. Das war eine so genannte Geschichtslüge. Selbstverständlich war auch nie
von den wirklichen Opfern dieser Jahre die Rede, von den
Russen, den Polen, den Slowenen und den Tschechen, um
nur ein paar Völker zu nennen, die unter den Deutschen
Unsägliches zu erleiden hatten. Und schon gar nicht von
den Juden, von den Vernichtungslagern, den Gaskammern,
von Auschwitz und Treblinka. Die waren höchstens »an-
gebliche Opfer«, die es nach 1945 verstanden hatten, aus
ihrer »angeblichen Verfolgung«, die in Wahrheit eine
reine Erfindung war, noch Profit zu schlagen.

Wenn ich diese Erinnerungen an meine Kinderjahre
jetzt niederschreibe, kommen mir Bedenken: War das
wirklich so schlimm? Waren die Kreise der ehemaligen
Nationalsozialisten in der Tat so unbelehrbar? Fühlten sich
alle (inklusive der schlimmsten Täter) als Opfer? Hat es
nach 1945 wirklich keinen Bruch gegeben?

Seit dem Erscheinen des Buches über meinen Vater erhalte ich viele Zuschriften, oft von Menschen, die aus einem ähnlichen Milieu wie ich selber stammen. Der Vater, der Großvater, der Urgroßvater bei der SS, bei der Gestapo tätig. Nachrichten von so genannten Täterkindern oder Täterenkeln, die über ihre Erfahrungen, ihre Kindheit sprechen wollen. In vielen Fällen waren die Eltern oder Großeltern vielleicht gar keine Täter im herkömmlichen Sinn, aber jedenfalls eingefleischte Nazis, die alles guthießen, was das Hitlerregime angeordnet hatte.

»Das Personal meiner Kindheitswelt«, schreibt einer, Jahrgang 1947, »war reinrassig nazitreu – überall. Der Hausarzt und seine Frau, der Tierarzt, die Pfarrer, die Lehrer, meine Eltern und – kein Ende.«

»Ich habe immer nur zu hören bekommen, dass uns Unrecht angetan wurde, die Bombardierung von Wien, die Feuerhölle von Hamburg und Dresden, die Vertreibungen der Deutschen aus dem Osten, die Massaker an den Deutschen, dass mein Vater bei der SS war, habe ich erst vor Kurzem herausgefunden, durch Zufall«, erzählte mir ein Mann meines Alters nach einer Lesung.

»Meine Eltern, Onkel, Tanten, Großeltern haben diese furchtbare Zeit unbeirrbar verteidigt und zeigen heute als Hochbetagte in ihrem Altersstarrsinn erst recht keine Einsicht in ihre moralische Mitschuld«, schrieb eine Leserin.

Diese Sätze sind für mich bestürzend, obwohl ich andererseits eine gewisse Erleichterung darüber empfinde, dass nicht nur ich das Weiterleben des nationalsozialistischen Milieus so erlebt habe. Die Selbstverständlichkeit, mit der man die schrecklichsten Dinge aussprechen konnte. Die höhnischen Worte, die man für Juden und andere Opfer fand. Das Fehlen von Einsicht, von Scham, von Schuldgefühlen.

Das war die Normalität unserer Kinderjahre. Das waren unsere Väter und Großväter. So haben sie gedacht und geredet. Mein wunderbarer Großvater, meine Großmutter, die mich liebevoll aufgezogen hat. War ich ein Einzelfall? Oder war das die Erfahrung der Mehrheit der Menschen die in den fünfziger und sechziger Jahren in Österreich und Deutschland heranwuchsen?                    *(2005)*

# Entjudung

Dr. Rudolf Bast
Rechtsanwalt
Amstetten, N. Ö.
Preinsbacherstraße 9
Fernruf: 218

An die
Vermögensverkehrsstelle im Ministerium für die
Privatwirtschaft
Wien 1.
Strauchgasse Nr. 1

Fortuna Hans und Johanna, Hutmacher in Amstetten,
Adolf Hitlerplatz Nr. 40, vertreten durch Dr. Rudolf
Bast, Rechtsanwalt in Amstetten, Preinsbacherstraße 9

Vollmacht vom 6. Juli 1938 beigelegt in A.

Gesuch

um Genehmigung eines Kaufvertrages im Sinne des
82. Gesetzes zum Schutze der österr. Wirtschaft vom
14. April 1938 bezw. der Kundmachung 139/38 Gesetzblatt für das Land Österreich.

1 fach mit Vollmacht in A, Kaufvertrag in beglaubigter
Abschrift in B, Schätzungsgutachten in C und 3 Forde-
rungsanmeldungen in D, E, F

An die

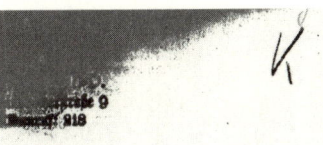
Vermögensverkehrsstelle im Ministerium für die

Privatwirtschaft

<u>W i e n , I.,</u>

Strauchgasse Nr.1

F o r t u n a　Hans und Johanna,Hutmacher in Amstetten,Adolf Hitlerplatz Nr.40,vertreten durch Dr.Rudolf
Bast,Rechtsanwalt in Amstetten,Preinsbacherstrasse 9

Vollmacht vom 6.Juli 1938 beigelegt in A.

G e s u c h

um Genehmigung eines Kaufvertrages im Sinne des 82.Gesetzes
zum Schutze der österr.Wirtschaft vom 14.April 1938 bezw.
der Kundmachung 139/38 Gesetzblatt für das Land Österreich.

1 fach mit Vollmacht in A,
Kaufvertrag in beglaubigter
Abschrift in B,Schätzungs-
gutachten in C und 3 Forder-
ungsanmeldungen in D,E,F,

Mit dem Kaufvertrage vom 3.September 1938 - beigelegt in beglaubigter Abschrift in B - haben wir von den
jüdischen Hausbesitzern den Ehegatten Siegfried und Ilka
Gelduschek in Amstetten, das Haus in Amstetten, Adolf Hitler
platz Nr.40, E.Z.301 Grundbuch Amstetten um den Betrag von
RM 22.712.45 gekauft.

Der Kaufschilling entspricht dem auf dem Hause last
Schuldenstande mit dem Stichtage vom 1.September 1938 wie
aus den Beilagen D,E und F erhellt.

Wir sind Arier und gründeten das Hutmachergeschäft
in Amstetten in dem von uns käuflich erworbenen Hause sei
15.Oktober 1924. Wir sind Mitglieder der N.S.V. und N.S.L
Unser Sohn aus erster Ehe, Otto Schnabel ist Parteimitglie
schon seit der illegalen Zeit und Mitglied des N.S.K.K.
Die Tochter aus 1.Ehe, Josefa Schnabel ist Mitglied der N.SDA

Die Entjudung dieses Hausbesitzes am Adolf Hitler
in Amstetten liegt im öffentlichen Interesse und ist aus
diesem Grunde sehr dringend, weil durch das Vorstehen des
Hauses in der Bundesstrasse Wien - Salzburg, eine verkehr
störende Strassenenge gebildet wird und wir die Zustimmu
erteilt haben, dass die Vorderfront des Hauses wegen Verbreiterung der Strasse abgerissen wird.

Wir schliessen an Beilagen bei in:

A. die Vollmacht,

B. den Kaufvertrag in beglaubigter Abschrift,

C. das Schätzungsgutachten,

D,E,F, die Forderungsaufstellungen der Sparkassen und

Amstetten, am 3.September 1938

Johann Fortuna
Johanna Fortun

Mit dem Kaufvertrag vom 3. September 1938 – beigelegt in beglaubigter Abschrift in B – haben wir von den jüdischen Hausbesitzern, den Ehegatten Siegfried und Ilka Geiduschek in Amstetten, das Haus in Amstetten, Adolf Hitlerplatz Nr. 40, E. Z. 301 Grundbuch Amstetten um den Betrag von RM 22.712,45 gekauft.

Der Kaufschilling entspricht dem auf dem Haus lastenden Schuldenstande mit dem Stichtage vom 1. September 1938 wie aus den Beilagen D, E und F erhellt.

Wir sind Arier und gründeten das Hutmachergeschäft in Amstetten in dem von uns käuflich erworbenen Hause seit 15. Oktober 1924. Wir sind Mitglieder der N. S. V. und N. S. D. A. P. Unser Sohn aus erster Ehe, Otto Schnabel ist Parteimitglied schon seit der illegalen Zeit und Mitglied des N. S. K. K. Die Tochter aus 1. Ehe, Josefa Schnabel ist Mitglied der N. S. D. A. P.

Die Entjudung dieses Hausbesitzes am Adolf Hitlerplatz in Amstetten liegt im öffentlichen Interesse und ist aus diesem Grunde sehr dringend, weil durch das Vorstehen des Hauses in der Bundesstrasse Wien – Salzburg eine verkehrsstörende Strassenenge gebildet wird und wir die Zustimmung erteilt haben, dass die Vorderfront des Hauses wegen Verbreiterung der Strasse abgerissen wird.

Wir schließen an Beilagen bei in:

A. die Vollmacht,

B. den Kaufvertrag in beglaubigter Abschrift,

C. das Schätzungsgutachten,

D, E, F, die Forderungsaufstellungen der Sparkassen und Banken

Amstetten, am 3. September 1938

Johann Fortuna

Johanna Fortuna

# Jäger und Gejagter

## *Das Überleben der SS-Nr. 107 136*

Irgendwann Anfang der siebziger Jahre fragte ein Theologe aus Tübingen bei den National Archives in Washington an, ob diese ihm nicht einen Mikrofilm vom Lebenslauf
eines gewissen Rolf-Heinz Höppner, SS-Nr. 107 136, der
sich in ihren Beständen befinde, senden könnten. Da die
Anfrage über den Vatikan lief, wurde sie von den bei NS-
Dokumenten sonst recht pingeligen Amerikanern prompt
erledigt. Der Tübinger Theologe freilich war nur ein
Strohmann, der den Film umgehend an den eigentlichen
Besteller, einen befreundeten Historiker in Warschau namens Julian Leszczyński, weiterleitete.

Leszczyński hat nie Geschichte studiert, und er hat auch
nicht viel übrig für Berufshistoriker, die *sine ira et studio*
Betrachtungen über historische Zusammenhänge anstel-
len oder Fakten und Daten zusammentragen. Er ist par-
teiisch und mit der Erregung des persönlich Betroffenen
bei der Sache, die ihn seit Jahrzehnten im Bann hält. In un-
ermüdlicher Arbeit hat er ein Archiv zusammengetragen,
das eigentlich nur über eine einzige Person Auskunft erteilt: Rolf-Heinz Höppner. Ein imposantes und einmaliges Höppner-Denkmal, Originaldokumente, Fotokopien,
Mikrofilme, Zeitungsausschnitte usw., insgesamt mehr als
14 000 Seiten, und alles in irgendeinem Bezug zur Person
Höppners und seiner Tätigkeit im Warthegau von 1940 bis
1944. Das Archiv füllt ein ganzes Zimmer im Haus von
Leszczyński, die Jagd nach Höppner sein ganzes Leben.

Von außen ist dem kleinen Reihenhaus in der ulica Jana

Styki im Stadtteil Saska Kępa nichts Besonderes anzumerken. Saska Kępa war vor dem Krieg ein schickes Villenviertel, dem 35 Jahre real existierender Sozialismus viel von der früheren Eleganz genommen haben. Heute sind die Häuser in der ul. J. Styki und den umliegenden Straßen so unansehnlich und verwahrlost wie überall sonst in Warschau, wo Baumaterial und Maurerbrigaden gleicherweise seit Jahrzehnten Seltenheitswert besitzen. Nur im Frühjahr und Sommer, wenn die Sträucher in den Vorgärten die rostigen Zäune und den zernagten Putz der Mauern überwachsen, kann man sich vorstellen, wie es hier früher einmal aussah. Vor Nummer 23A steht violett und weiß blühender Flieder.

Ich lernte Leszczyński in den Redaktionsräumen der *Fołks-Sztyme* kennen, einer in Jiddisch erscheinenden Wochenzeitung; zusammen mit dem Warschauer Jüdischen Theater, mit dem sie das Gebäude am Plac Grzybowski unweit des Kulturpalastes teilt, bildet sie den staatlich subventionierten Restposten der einst blühenden Kultur des polnischen Judentums. In der Redaktion der *Fołks-Sztyme* stellte mich der Chefredakteur der Zeitung eines Tages einem älteren, weißhaarigen Herrn vor, der in seinem Zimmer saß: »Herr Julian, unser bester Übersetzer ...«

Klein und stämmig, den Kopf zwischen die Schultern gezogen, hatte Leszczyński etwas von einem Boxer an sich, der im Alter Gewicht angesetzt hat. Ich war als Stipendiat in Warschau und suchte in polnischen Archiven Materialien über das Schicksal der österreichischen Juden, die nach 1938 nach Polen deportiert worden waren. Leszczyński lud mich noch für den selben Abend in seinen Garten in Saska Kępa ein, wo er ein paar Freunde mit Tee, Kuchen und selbstgemachtem Kompott bewirtete, auf das er nicht wenig stolz war. Beim zweiten Glas Tee kam das Gespräch auf Höppner.

»Höppner«, stellt sich der massige Herr im dezent gemusterten grauen Sommeranzug vor. Wie vereinbart erwartet er mich an einem der Fenstertische im Speisesaal des Hotels »Bergischer Hof«. Dort sitze man recht angenehm, hatte er kurz zuvor am Telefon versichert, als er dem Ortsunkundigen den Treffpunkt beschrieb, man könne ungestört sprechen, und auch die Weine seien durchaus passabel.

Ich habe mich kaum hingesetzt und mein Notizbuch zurechtgerückt, als auch schon ein Kellner vor uns steht. »Kaffee oder Wein?«, fragt Höppner, ganz Gastgeber; ich bin für Wein und er bestellt für sich eine Schorle. Von unserem Tisch aus schauen wir auf den Münsterplatz, der, obzwar im Zentrum von Bonn, in der Nachmittagssonne fast kleinstädtisch beschaulich anmutet. In der Mitte des schräg zur Kirche hin abfallenden Platzes sind junge Leute dabei, eine Friedensausstellung aufzubauen.

»Sie kennen mich nur von dem Foto von damals, aus meiner Akte«, sagt Höppner mit einem schmalen Lächeln, das er blitzschnell wieder aus seinem fleischigen Gesicht wischt. »Ich habe mich sehr verändert«, fügt er nach einer nachdenklichen Pause hinzu. Es klingt wie eine Entschuldigung.

Das besagte Foto werde vor vierzig Jahren aufgenommen, eine Kopie davon steckt in meinem grauen Notizbuch, das zwischen uns auf dem Tisch liegt. Durch den Vorgang des Fotokopierens hat das Bild an Schärfe eingebüßt, doch der misstrauische Zug um die Augen, die mich jetzt über die Weißwein-Schorle hinweg forschend mustern, ist mir vertraut. Ich hatte das Foto in den letzten Tagen immer wieder hervorgeholt und eingehend betrachtet, als könnte es mir Auskunft über den darauf abgebildeten Mann geben, die sonst nirgends zu erhalten war.

Das Original befindet sich in Höppners SS-Stammrolle, die nach dem Zusammenbruch des so genannten Tausendjährigen Reiches, zusammen mit zahlreichen anderen NS-Dokumenten, als Kriegsbeute der Sieger in die USA wanderte, wo sie in die Bestände der US National Archives in Washington eingereiht wurde. Beileibe kein aufregendes Dokument, eines unter vielen, selbst für Spezialisten der NS-Zeit nur von mäßigem Interesse.

Der heute 72-jährige Rolf-Heinz Höppner gehörte als SS-Führer zwar der »Oberschicht des germanischen Volkes« an, die sich auf »Blut, Auslese, Härte« berief, aber er verstand es, immer im Hintergrund zu bleiben. Wen sollte es daher interessieren, dass er, wie er im Lebenslauf handschriftlich festhielt, am 24. 2. 1910 in Sigmar/Sachsen zur Welt kam, 1930 der NSDAP beitrat und Pg. Nr. 321 209 wurde? Dass er zuerst das Braunhemd der SA und dann jenes der SS anzog?

In der SS dient er sich rasch nach oben. 1934 wird er in den Geheimdienst der Partei, den Sicherheitsdienst des Reichsführers SS, kurz SD, übernommen, der damals nur ein paar hundert Mitglieder zählt, 1940 zum Chef des SD-Leitabschnitts Posen im Warthegau bestellt und 1944, nach dem Attentat auf Hitler, ins Reichssicherheitshauptamt (RSHA) in Berlin berufen. Mit 34 Jahren beachtlich. Aber aufregend?

Karrieren wie die Höppners waren im Dritten Reich nicht selten. Ich denke an die meines Vaters, den mein Gegenüber, wie er mir schon in einem Brief schrieb, trotz gleichen Alters und ähnlichen SS-Ranges – »Gott, wir waren so viele« – nicht gekannt hat.

Ich betrachte ihn, wie er selbstsicher dasitzt. So würde heute vielleicht auch mein Vater aussehen, wenn er noch lebte, denke ich, ihre Lebensläufe waren ähnlich. Jusstudium in der Provinz, Mitgliedschaft bei einer schlagenden Studentenverbindung, von der sie ein gerader Weg in die Partei und die SS führte. »Für uns völkische Studenten gehörte die Partei dazu wie der Fechtboden und das Bier«, hatte mir einmal ein Onkel erklärt, der es aus eigener Anschauung wissen musste.

Nach der Machtübernahme Hitlers besteht ein großer Bedarf an jungen Juristen, die nicht weich oder gefühlsduselig sind und den Führer als oberstes Gesetz und obersten Richter anerkennen. Sie machen Blitzkarrieren, Höppner im SD, mein Vater bei der Gestapo. Bei Kriegsende ist Höppner SS-Obersturmbannführer, mein Vater SS-Sturmbannführer.

Nach der Kapitulation stehen sie als Kriegsverbrecher auf der Fahndungsliste der Alliierten. Höppner stellt sich im Juli 1945 in Flensburg, wohin er, im Tross der Regierung Dönitz, aus dem zertrümmerten Berlin geflohen ist. Mein Vater versucht, wie Hunderte andere SS-Führer, die das Kriegsende in die »Alpenfestung« im Ausseer Land geschwemmt hat, über Südtirol nach Rom zu entkommen, wo ein Verbindungsmann im Vatikan falsche Pässe für die Flucht nach Übersee bereithalten soll. Am Brenner ist die Flucht zu Ende. Der bergkundige Führer, der ihn über die »grüne Grenze« bringen soll, bringt ihn kaltblütig um. Wie er, wenig später gefasst, vor dem Richter gesteht, hatte er gehofft, einen Zipfel von dem legendären »Goldschatz der SS« zu erhaschen. Er bekommt lebenslänglich.

»Ist es für dich so etwas wie eine Fahrt zum Vater, den du nicht gekannt hast?«, hatte mich meine Freundin vor der Fahrt von Wien nach Bonn gefragt. Sie hatte mich zum Bahnhof begleitet und stand unten am Bahnsteig. »Pass auf, dass er dir nicht plötzlich sympathisch wird ...«, sagte sie noch, als der Zug anrollte.

Als ich Leszczyński in Warschau kennenlernte, suchte er einen Untermieter für die winzige Dachwohnung in seinem Haus, das er sonst ganz allein mit einem schwarzen Pudel, Bartek gerufen, bewohnte. Die Jagd nach immer neuen Hinweisen auf Höppner, die aufwändige Reisen in die Bundesrepublik und die DDR und eine weltweite Korrespondenz nötig machte, hatte seine ohnehin bescheidenen finanziellen Mittel offenbar ziemlich erschöpft. Gleich alt wie Höppner, lebt er von einer kleinen Pension, die er ab und zu durch Übersetzerhonorare aufbessert.

Nach meinem Einzug in der ulica Jana Styki wurde Höppner auch für mich zur zentralen Gestalt, die unsere Gespräche beherrschte. Zum ersten Mal war Leszczyński im April 1945 auf den Namen Höppner gestoßen. Den Krieg hatte er in Warschau überlebt, mit falschen Papieren. Für einen Juden ein Wunder, wie es damals nur wenige gab.

»Aber ich hatte ein gutes Aussehen, wie man das nannte«, erzählte Leszczyński an einem Herbstnachmittag, den wir damit verbrachten, die Birnen im kleinen Garten hinter dem Haus zu ernten. Das Obst war sein Stolz, und der Birnbaum schwer beladen. Das machte den sonst eher schweigsamen, oft fast mürrischen Hausherrn gesprächig. Er habe sich weder durch »semitische« Gesichtszüge verraten noch Polnisch mit jenem Akzent gesprochen, der so viele versteckte Juden das Leben kostete. Neben den Deutschen hatten die polnischen Juden, die sich zu verbergen suchten, vor allem die »szmalcowniks« zu fürchten, Polen, die oft in Banden organisiert waren und mit der Zeit so etwas wie einen sechsten Sinn für untergetauchte Juden entwickelten.

»Sie durchkämmten die Straßen und lauerten in den Hauseingängen und Cafés. Oft genügten eine Handbewegung, ein Wort oder ein ängstlicher Blick nach hinten, und sie hatten ihr Opfer erkannt«, erzählte Leszczyński bitter. »Zuerst pressten sie aus den Juden alles heraus, was sie nur hatten, Geld, Gold und so weiter. Dann lieferten sie sie an die Deutschen aus, dafür gab es eine Belohnung.«

Im April 1945 wurde Leszczyński, wie Höppner von Beruf Jurist, als Staatsanwalt mit einer Kommission nach Łódź geschickt. »Wir hatten die Aufgabe, Nazi-Dokumente sicherzustellen« – ein Auftrag, der sein Leben radikal verändern sollte. »Die meisten deutschen Dienststellen waren Hals über Kopf geflohen, oft unter Zurücklassung ihrer Archive.«

Mit Leszczyński arbeitete auch die Schriftstellerin Zofia Nałkowska. Von ihr erhielt er eines Nachts einen Anruf. »Sie hatte erfahren, dass eine Nazi-Dienststelle in der Piotrkowska geräumt wurde. Lastwagen führten stoßweise Dokumente weg. Wir sausten hin, um zu retten, was zu retten war …« Sie standen vor den Resten des Archivs der »Umwandererzentralstelle Litzmannstadt«, deren Leiter, SS-Obersturmbannführer Hermann Krumey, zu den engsten Mitarbeitern Adolf Eichmanns zählte. Für die Mittäterschaft an der Ermordung von mehr als 300 000 ungarischen Juden sollte Krumey später in einem Prozess in Frankfurt, der sich über Jahre hinzog, lebenslänglich bekommen.

Krumey war auch ein enger Mitarbeiter von Höppner, der noch heute über Krumey nur Gutes sagen kann. »Er war an sich ein armes Schwein«, sagt er, und die Augen hinter den dicken Brillengläsern bekommen einen warmen Schimmer. »Er war immer ein hochanständiger Mensch und wollte nie, dass den Menschen, mit denen er zu tun hatte, irgendein Unrecht geschah.« – »Aber so viele tausend Juden?« – »Gott, der hatte doch seine Befehle …«

Im Archiv dieses »armen Schweines« fand Leszczyński auch Schreiben der Umwandererzentralstelle Posen, die Höppner leitete und die mit der UWZ Litzmannstadt – beide Städte lagen schließlich im Warthegau – eng zusammenarbeitete. Ein Dokument sollte den angehenden Staatsanwalt nie mehr loslassen. Er hat es mir in seinem Archiv oftmals gezeigt, doch das erste Mal werde ich nie vergessen.

Leszczyński hatte mich in den Archivraum im ersten Stock geführt, der nur einen alten Schreibtisch, zwei Sessel, einen schweren Bücherkasten und ein paar Bücherregale enthielt; die meisten Dokumente lagen am Boden, zu schwankenden Türmen gestapelt, dicke, mit Leinenbändern zusammengehaltene Mappen, Ordner und Kuverts. Trotz der heillosen Unordnung empfand ich den Moment als feierlich. Mit sicherem Griff fischte Leszczyński – seine kurzsichtig zusammengekniffenen Augen sehe ich noch vor mir – ein gelbes Kuvert aus einem Stapel. Es enthielt drei Hochglanzfotografien eines Dokuments.

»Höppner war seit 1. April 1940 Chef des SD-Leitabschnitts in Posen, Leiter der Umwandererzentralstelle, die für die Deportierung von Polen und Juden verantwortlich zeichnete, und zugleich Dezernent für Volkstumsfragen beim Reichsstatthalter«, zählte Leszczyński an den Fingern der rechten Hand auf. »Damit hielt er alle Fäden der Volkstumspolitik im Warthegau in der Hand.«

»Posen, den 16. Juli 1941«, las ich, »Aktenvermerk. Betr.: Lösung der Judenfrage.«

»Achten Sie auf das Datum! Ein halbes Jahr vor der Konferenz am Großen Wannsee, bei der die Endlösung der Judenfrage beschlossen wird ...«

Auch von diesem Dokument habe ich eine Kopie mit nach Bonn gebracht, die ich vor der Begegnung mit Höppner noch einmal studiere. Bei Besprechungen in der »Reichsstatthalterei«, so heißt es da, sei von verschiedenen Seiten die Lösung der Judenfrage im Warthegau angeschnitten worden. Einige Vorschläge hätten sich angeboten. Es folgen sechs Punkte. Sämtliche Juden des Warthegaus (ca. 300 000) müssten in einem Lager zusammengefasst werden, das leicht zu bewachen sei. Soweit »arbeitseinsatzfähig«, könnten sie zu »Arbeitskommandos« zusammengestellt werden. Dann Punkt 4: »Es besteht in diesem Winter die Gefahr, dass die Juden nicht mehr sämtlich ernährt werden können. Es ist ernsthaft zu erwägen, ob es nicht die humanste Lösung ist, die Juden, soweit sie nicht arbeitseinsatzfähig sind, durch irgendein schnellwirkendes Mittel zu erledigen. Auf jeden Fall wäre dies angenehmer, als sie verhungern zu lassen.« Im Übrigen sei der Vorschlag aufgetaucht, heißt es weiter in Punkt 5, im Lager »sämtliche Jüdinnen, von denen noch Kinder zu erwarten sind, zu sterilisieren, damit mit dieser Generation tatsächlich das Judenproblem restlos gelöst wird«.

Adressiert wurde der Vorschlag für eine »humane« Lösung der Judenfrage an Amt IV B 4 des RSHA, das »Judenreferat« von Adolf Eichmann. In einem kurzen Begleitschreiben – »Lieber Kamerad Eichmann!« – versuchte der Absender eventuell auftauchende Bedenken, die Vorschläge könnten sich als nicht praktikabel erweisen, auszuräumen: »Die Dinge klingen teilweise phantastisch, wären aber meiner Ansicht nach durchaus durchzuführen.« Gezeichnet: SS-Sturmbannführer, Unterschrift fehlt. Nur links oben ein dürres maschinenschriftliches Kürzel: »Hö«.

In meinen Aufzeichnungen von damals finde ich den Satz von Leszczyński: »Hö – das war das Kanzleikürzel von Höppner, ein Kürzel, das im Warthegau über Leben und Tod entschied.« Dass Höppner seinen Vorschlag als Ergebnis einer Besprechung darstellte, habe einer im SD üblichen Praxis entsprochen, die eigene Person möglichst in den Hintergrund treten zu lassen. Zu jener Zeit aber habe in der Reichsstatthalterei keine Besprechung stattgefunden.

Leszczyński ist sicher, dass Rolf-Heinz Höppner mit diesem Aktenvermerk in der Chronologie der Endlösung am Anfang steht. Er ist der Erfinder der Formel des Vernichtungslagers, der Konstrukteur der Atombombe gegen die Juden. Er setzte die Lawine in Bewegung, die innerhalb weniger Jahre sechs Millionen Juden verschlingen sollte. Ohne die Erfindung Höppners, so schreibt Leszczyński in einem seiner zahlreichen Artikel zu diesem Thema, hätten von den sechs Millionen Juden, die später ermordet wurden, zumindest viereinhalb Millionen die Chance gehabt, zu überleben. Reichsstatthalter Greiser wollte aus dem Warthegau einen »Exerzierplatz der nationalsozialistischen Weltanschauung« machen, einen »Mustergau« der Partei. Das im Oktober 1939 durch Führererlass dem Deutschen Reich eingegliederte Gebiet sollte durch eine »völkische Flurbereinigung« von allen »volksfremden Bevölkerungsteilen« gesäubert werden.

Der Sicherheitsdienst und die Umwandererzentralstelle machten den Warthegau zum Exerzierplatz der Judenpolitik. Hier wurden im Herbst 1941 die ersten Versuche unternommen, die Ermordung der Juden zu rationalisieren, seit Dezember 1941 entstand hier die erste Todesfabrik, das Vernichtungslager Kulmhof. Eine eindrucksvolle Beschreibung der apokalyptischen Szenen, die sich in Kulmhof abspielten, lieferte Adolf Eichmann bei seinem Prozess in Jerusalem. Mit Schaudern gedachte er seines ersten und letzten Besuches in Kulmhof, »das Entsetzlichste, was ich in meinem Leben ... gesehen hab'«.

Die Artikel von Leszczyński bleiben, wie seine übrigen Bemühungen, ohne Echo. Die meisten erscheinen in polnischer Sprache in der Zeitschrift des Jüdisch-Historischen Instituts in Warschau, Auflage 600 Stück. Aber er gibt nicht auf. Er ist unermüdlich, wie besessen. Er studiert minutiös den Lebenslauf Höppners, bis zurück in dessen Kindheit, als liege hier eine Erklärung für alles Spätere. »In meinem Archiv habe ich ein Kalendarium seines Lebens, für jeden Tag eine Seite, viele Seiten sind noch leer, aber andere dicht beschrieben. Ich finde immer wieder neue Quellen. Ich glaube, dass ich Höppners Leben fast besser kenne als er selbst«, sagt er mit einem Stolz, aus dem die Verzweiflung spricht.

Höppners Leben hat das von Leszczyński längst aufgefressen, er ist zum Anti-Höppner geworden, eine symbolhafte Figur, die alle Opfer verkörpert. »Ich bin ein privater Staatsanwalt, nur für eine Person«, versucht er selbst seine Aufgabe zu rationalisieren.

In immer neuen Anläufen unternimmt er es, die Geschichte des Holocaust neu zu schreiben, die mit dem Satz beginnt: Am Anfang war Höppner. Er sendet Kopien von

Dokumenten und Briefe in die Welt, an Gerichte und Staatsanwaltschaften in der Bundesrepublik, die er auffordert, gegen Höppner ein Verfahren einzuleiten; an Generalstaatsanwalt Gideon Hausner in Israel, an Simon Wiesenthal, der Höppner in seine Liste der Gejagten aufnehmen soll. Hausner habe ihm nicht einmal geantwortet, erzählte er verbittert. Vielleicht sei es ihm peinlich, weil er beim Eichmann-Prozess die historische Bedeutung Höppners nicht erkannt habe?

»Höppner, Höppner?«, fragte Wiesenthal, den ich vor der Reise nach Bonn in seinem Dokumentationszentrum in der Wiener Salztorgasse aufsuchte. »Ist mir momentan kein Begriff ...« Dann rief er über den schmalen Gang hinweg in ein Zimmer, das offenbar das Archiv beherbergt: »Rosemarie! Das schwarze Buch, bitte!« Rosemarie brachte die »Dienstalterliste der Schutzstaffel«, und hier fand sich der Gesuchte. Nochmals erging eine Aufforderung an die Sekretärin, unter Höppner, ö, zweimal p, nachzusehen. Sie brachte eine dünne Mappe. Wiesenthal zog drei Fotografien und einen Brief heraus. »Von Leszczyński«, erklärte er unnötigerweise. Der Brief sei von 1967, er habe ihn gar nicht beantwortet. »Damals lief schon die antizionistische Kampagne in Polen, und ein Brief mit meinem Absender hätte ihm da mit Sicherheit Scherereien gemacht.« Was Höppner angehe, Wiesenthal zuckt die Achseln: »Es hat damals mehrere gegeben, die aus ihrer Position heraus Ezzes gaben, was mit den Juden geschehen soll.«

1968 schließlich hat Leszczyński in Verfolgung der Causa Höppner auch Staatsanwalt Fritz Bauer in Frankfurt am Main aufgesucht, der sich als Verfolger von Kriegsverbrechern einen Namen gemacht hatte. Die Begegnung mit Bauer erlebte Leszczyński jedes Mal, wenn er davon erzählte, von neuem als dramatischen Höhepunkt, der endlich – so musste es ihm damals scheinen – die ersehnte Wende bringen könnte. »Bauer griff sofort zum Telefon und gab Anweisung, unverzüglich einen Beamten nach Warschau zu schicken, der an Ort und Stelle die Vorwürfe gegen Höppner untersuchen sollte.«

Zwei Monate später war Fritz Bauer tot. Man sprach von Selbstmord. Der Beamte ist in Warschau nie eingetroffen.

Auch Höppner konnte nicht verborgen bleiben, dass in Warschau einer saß, der Material über ihn sammelte und publizierte. Er schüttelt den Kopf.

Ja, er habe ein paarmal Artikel zugeschickt bekommen, die Leszczyński über ihn geschrieben hatte. Ob von Leszczyński selbst oder jemandem andern, das könne er nicht sagen. Der sei ja auch hier in der Bundesrepublik gewesen, habe bei der Staatsanwaltschaft in Posen – er korrigiert sich: in Bonn – interveniert, habe Material vorgelegt und gedrängt, ein Verfahren gegen ihn einzuleiten ...

Es habe ihn schon getroffen, versichert mir Höppner, zu erfahren, dass Leszczyński ihn so hasse. Davon habe er sich bislang keine rechte Vorstellung gemacht. Er zieht die schweren Schultern ein. »Aber«, fährt er fort, und seine Stimme bekommt wieder einen rechtfertigenden Ton, »er hat anscheinend ganz vergessen, dass ich ja immerhin zehn Jahre in Polen gesessen habe!«

Wenn er nicht in Polen, sondern etwa in Frankreich verurteilt worden wäre, hätte er nach seiner Freilassung Ruhe gehabt. Ein für allemal. Aber die in Polen ergangenen Urteile, so sagt er, sind in der Bundesrepublik nicht existent, sie werden von deutschen Gerichten nicht anerkannt. Höppner sieht sich als Opfer widriger Umstände.

Doch die Untersuchungen, die nicht zuletzt auf Veranlassung von Leszczyński in der Bundesrepublik gegen ihn geführt wurden, blieben ohne Ergebnis. Meist kam es nicht einmal zum Verfahren. »Nur in einer einzigen Sache, das war also – in Anführungsstrichen – das Belangloseste, hat die Staatsanwaltschaft ein Verfahren gegen mich eingeleitet, das Schwurgericht hat aber dann die Eröffnung abgelehnt.« – »Worum hat es sich dabei gehandelt?« – Das könne er nicht mehr sagen, das sei doch alles so lange her. »Na, warten Sie mal. Also, da war so eine Sache in Kalisch, da waren polnische Kinder angeblich zu Rassenuntersuchungen hingebracht worden, und wenn diese dann negativ ausfielen, sollten sie liquidiert werden oder so was.« Aber erstens habe er davon nichts gewusst, und zweitens habe das alles nicht stattgefunden. »Ich war nur ein kleines Rad.«

Im Warthegau freilich war Höppner mehr als das. Er leitete neben der Umwandererzentralstelle, der auch die »Rassische Ausmusterung« der zur »Aussiedlung« vorgesehenen Polen oblag, das Dezernat für Volkstumsfragen in der Reichsstatthalterei und seit März 1943 noch das Gauamt für Volkstumsfragen der NSDAP, von seiner Funktion als Chef des SD-Leitabschnitts ganz zu schweigen.

Eine solche Ämterakkumulation war keineswegs üblich und wurde auch nicht gern gesehen. Bei Höppner, der sich offenbar durch besonderen Fleiß hervortat, machte Himmler es mit einem speziell erteilten »Dispens« möglich.

Der Fachmann für Umsiedlungsfragen war auch außerhalb des Warthegaus gefragt. Im Juni 1941 wurden Höppner und Krumey für ein paar Wochen nach Jugoslawien beordert, um dort die eben anlaufende »Aussiedlung« Zehntausender Slowenen aus Krain und der Untersteiermark in Lager in Serbien zu betreiben.

Höppner kann sich nur mehr undeutlich erinnern. Sie seien in Arandjelovac, einem Kurort in der Nähe von Belgrad, stationiert gewesen. »Da kamen dann die Slowenentransporte aus der Untersteiermark hin, da gab es ziemlich viele Probleme.« Vor allem für die Slowenen, von denen viele die »Aussiedlung« nicht überlebten.

Die Slowenen-Aussiedlung sollte nach demselben Muster verlaufen, das Höppner und Krumey im Warthegau erarbeitet hatten. Die Slowenen wurden einer »rassischen Schleusung, Bewertung und Grobauslese« unterworfen und eingeteilt in »eindeutschungsfähige« und »nichteindeutschungsfähige« Fälle. Eindeutschungsfähige Slowenen bzw. Polen wurden zunächst als billige Arbeitskräfte ins Reich geschickt, »rassisch wertvolle« Kinder den Eltern kurzerhand weggenommen. Dem »Sieg der Waffen« müsse man den »Sieg des deutschen Kindes« folgen lassen, hieß es in einer Broschüre für SS-Führer. Für den Kinderraub war die Organisation »Lebensborn« zuständig. Höppner war Mitglied.

Die moderne Völkerwanderung, die nach siegreich beendetem Krieg Europa verändern sollte, musste gut vorbereitet und geplant werden. Höppner war einer ihrer Theoretiker. Aber er kümmerte sich nicht nur um die Lösung großer Fragen, er war auch im Detail zu Hause. Zum Beispiel wenn es galt, die komplizierte Frage zu klären, wie man es mit der »Grußpflicht der Polen« halten solle.

In einem Schreiben vom 1. Oktober 1942 an den Stellvertretenden Gauleiter, Pg. Schmalz, klagte Höppner, dass »für den gesamten Fragenkomplex des Grüßens durch Polen allein schon im hiesigen Gaubereich in keiner Weise eine einheitliche Richtung besteht«. Es herrsche vielmehr ein heilloses Durcheinander; das müsse aufhören. Seine Nachforschungen hätten zum Beispiel ergeben, dass »im Kreise Samter nur die wenigsten Polen trotz der bestehenden Grußpflicht grüßen, im Kreise Schrimm keine Grußpflicht besteht, im Kreise Gostingen wiederum die Grußpflicht in jeder Weise durchgeführt wird, während man wieder im Kreise Wreschen eingesehen hat, dass Grußpflicht von vornherein nicht durchgeführt werden könne. Aus dem Kreise Schroda wurde bekannt, dass gerade die Wehrmacht gegen die Grußpflicht eingestellt sei …«

Besonders »bewährte Polen« – Greiser hatte für sie den Begriff »Leistungspolen« geprägt – hätten hier und da sogar die Erlaubnis erhalten, mit dem »Deutschen Gruß« zu grüßen. Eine wahrhaft babylonische Gruß-Verwirrung, die Höppner durch einen kühnen Entscheid in geordnete Bahnen zu lenken suchte. Er dekretierte: »Als allein tragbare Grußform für Polen wird angesehen, dass Polen durch das Abnehmen der Kopfbedeckung bzw. bei nicht vorhandener Kopfbedeckung durch Verbeugung grüßen …« Als weitere Frage bleibt offen, in welcher Weise Deutsche Polen gegenüber den Gruß erwidern sollen, der ihnen geboten wird. Auch da kann Höppner mit einem Vorschlag dienen: »Es wäre anzustreben, Polen nicht mit dem Deutschen Gruß oder mit der militärischen Ehrenbezeigung zu grüßen – die übrigen Nichtstammesgleichen artverwandten Blutes gleichfalls –, sondern mit einem kurzen Kopfnicken zu danken.«

Auch mit Juden gab es gelegentlich Probleme, die nicht einfach vom Schreibtisch aus zu lösen waren. Da war zum Beispiel der Fall des damals zwölf oder dreizehn Jahre alten Georg Daube in Litzmannstadt, den Leszczyński bis ins letzte Detail recherchiert hat. Als ich ihn um die Unterlagen bat, bekam ich jedoch einen abschlägigen Bescheid. »Zu meinem Bedauern«, so schrieb er, »kann ich Ihnen jetzt kein Material schicken …« Das Briefkuvert war links aufgeschlitzt und mit Heftklammern provisorisch wieder verschlossen; neben meiner Adresse prangte leuchtend rot ein Stempel: *ocenzurowano*, zensuriert. Doch Leszczyński hat mir die Geschichte so oft erzählt, dass ich sie auswendig kenne.

Georg Daube war der Enkel des deutschen Textilfabrikanten Oskar Daube, der sich in Łódź bereits vor dem Einmarsch der Deutschen um die nationalsozialistische Bewegung verdient gemacht hatte. Der Vater des Jungen war als Offizier an der Ostfront, die Mutter längst tot. Sie war, und das machte Georg Daube zu einem Fall für Höppner, Jüdin gewesen, was aus Georg – nach den Nürnberger Gesetzen – einen Halbjuden machte. Er sollte nun, dem Buchstaben des Gesetzes und dem Willen Rolf-Heinz Höppners zufolge – es ging um die Reinhaltung deutschen Blutes auch in künftigen Generationen! –, kastriert werden, wogegen sich der Großvater, zwar selber Nazi, aber in diesem Fall doch in erster Linie Großvater, heftig zur Wehr setzte. Seine großväterlichen Gefühle prallten mit dem Pflichtgefühl Höppners zusammen, der ein getreuer Hüter der befehlenden Gewalt war, unbestechlich in der Erfüllung dessen, was er als seine Pflicht ansah. Er quälte und mahnte daher den alten Mann immer wieder, doch endlich den Enkel für den »nötigen« Eingriff abzuliefern. Es müsse nun einmal sein.

Daube? Nein, daran könne er sich nicht erinnern, sagt Höppner, als ich vorsichtig frage. Dann schweigt er verstimmt. Höppner hat inzwischen die dritte Schorle bestellt, ich den zweiten Schoppen Weißen. Der Speisesaal hat sich geleert, nur an einem Tisch ganz hinten sitzt eine würdige Damenrunde.

»Im Grunde passiert in der Bundesrepublik heute doch dasselbe wie damals vor Hitler«, sagt mein Gegenüber. »Die Grünen, die Jungen, die machen nicht mehr mit. Aber die wissen nur, was sie nicht wollen; was sie wollen, das wissen sie nicht.«

Was ihn betreffe, so mische er sich nicht mehr ein in die Politik. Das habe er gelernt, als er zurückkam aus Polen: dass er nie mehr das Recht habe, sich in die Politik einzumischen oder irgendwo eine führende Rolle zu spielen. Und das sei ihm auch nicht schlecht bekommen, er könne zufrieden sein.

Er blickt an sich herunter. Mit 72 arbeite er noch, vor allem, weil es ihm Spaß mache. Er sei zwar pensioniert, aber trotzdem noch jeden Tag im Büro – »meistens von halb acht bis sechs«. Er müsse die zwölf Jahre nachholen, die ihm durch die Gefängnisaufenthalte verloren gegangen seien. Er arbeitet im Institut für Städtebau, Wohnungswirtschaft und Bausparwesen (Arnold-Knoblauch-Institut), gegen Honorar. Wenn man in Polen meine, er befasse sich mit der Sammlung und Herausgabe von Kriegserinnerungen oder noch Ärgerem, sei das ein Blödsinn. »Könnten die ja leicht nachprüfen.«

Seine Wohnung in Bad Godesberg ist, zumindest von außen, bürgerlich mittelmäßig, gewiss nicht feudal. Er wohnt in einer ruhigen Nebenstraße in einem zweistöckigen Reihenhaus, insgesamt vier Parteien, Balkon nach hinten auf eine gepflegte Grünanlage.

Wie würde er wohnen, denke ich, wenn der Krieg anders

ausgegangen wäre? In einem Schloss am Ural, als Statthalter im Kaukasus, wie SS-General Stroop es sich erträumte? Meine Mutter hat mir oft erzählt, dass mein Vater nach dem Krieg als Statthalter nach Afrika geschickt werden sollte, er habe sogar schon begonnen, eine afrikanische Sprache zu lernen, sie konnte freilich nie sagen, welche. Himmlers treue Vasallen sollten nicht leer ausgehen.

»Über wen wollen Sie nun eigentlich schreiben?«, fragt Höppner plötzlich in die Stille hinein. »Über mich oder Leszczyński ...?« Der Name lässt ihm offenbar keine Ruhe. Er spricht ihn fehlerlos aus. Ja, in der Haft habe er sehr gut Polnisch gelernt, es damals fließend gesprochen, auch viel gelesen. Zehn Jahre, das reiche.

»Ich war ja fast ausschließlich mit Polen zusammen in der Zelle. Damals habe ich die Polen erst kennengelernt. Während meiner ganzen Dienstzeit in Polen kannte ich doch keinen einzigen, da bin ich nur mit Deutschen zusammengewesen.«

Das hatte er schon in seinem ersten Verhör in einem polnischen Gefängnis – im Frühjahr 1947 – gesagt, und dabei bleibt er. »Ich habe in meinem Leben keinen Polen und keinen Juden gekannt. Die einzigen Polen, mit denen ich zu tun hatte, das waren das Dienstmädchen, der Heizer und ein Mann in der Garage. Denen hab' ich nichts Böses getan, im Gegenteil, ich war gut zu ihnen«, steht in seinem Prozessakt, der in Posen liegt.

So kam es dann auch in seinem Prozess in Posen 1949 heraus. Das Dienstmädchen Höppners, Zofia Ruszkowska, sagte über den ehemaligen Dienstgeber nur Gutes, und das trug vielleicht dazu bei, dass er nicht zum Tode verurteilt wurde, sondern lebenslänglich bekam. 1956 – nach dem polnischen Oktober – kam die große Amnestie, Anfang

1957 ging Höppner frei. Von der Haushälterin, wie er sie jetzt nennt, kann Höppner nur Lobendes sagen. Vor allem erinnert er sich an seine eigene Güte. Zu Weihnachten 1944, als es schon nichts mehr zu kaufen gab, habe er ihr ein silbernes Kreuz geschenkt. »Ein silbernes Kreuz, das war dann eine große Sensation im Prozess, nicht wahr, ein SS-Führer schenkt seinem Dienstmädchen ein silbernes Kreuz. Das hat mir vielleicht das Leben gerettet«, strahlt er.

Möglich. Wenn einer ein silbernes Kreuz schenkt, so dachten die Richter und Geschworenen damals vielleicht, kann er kein ganz schlechter Mensch sein. Sein direkter Untergebener, ein Dr. Strickner aus Innsbruck, hat offenbar kein Kreuz verschenkt. Er wurde zum Tode verurteilt und hingerichtet.

An Posen hat Höppner nur gute Erinnerungen, obwohl ihm dort der Prozess gemacht wurde. Im Gespräch passiert es ihm immer wieder, dass er Posen statt Bonn sagt, als sei er zurückversetzt an die Stätte seiner großen Karriere.

Übrigens glaube er sich erinnern zu können, dass er während der Untersuchungshaft in Posen 1947 oder 1948 auch Leszczyński kennengelernt habe. Beschwören freilich könne er's nicht. »In Posen machte damals ein Staatsanwalt namens Leman – ohne h, ein n – die Kriegsverbrecherverfahren. Und der brachte eines Tages einen Freund, wie er sagte, mit in die Zelle. Der unterhielt sich dann mit mir über die Volksliste und eine ganze Reihe von Dingen, die sich in Posen zugetragen hatten.«

Er macht eine Handbewegung, als wische er Krümel vom Tisch. Die »Posener Dinge«, wie er seine Tätigkeit im Warthegau gern nennt, als hätten sie mit seiner Person nichts zu tun, sind für ihn bewältigt. »Gott ja, Lebenslauf ist Lebenslauf, und Geschichte ist Geschichte, aber das ist doch nun lange her.«

Als ich dagegenhalte, dass Menschen wie Leszczyński das nicht so sehen, die kämen von diesen Dingen nie mehr los, wird er heftig: Gott, der Mann habe sich verrannt, das sei doch eindeutig. Gewiss, er habe Verständnis, dass Leszczyński die Vergangenheit nicht vergessen könne, als Jude habe er damals sicher Furchtbares erlitten. Und er verstehe auch, wenn er ihn – Höppner – so negativ sehe. Aber der Urheber der Judenvernichtung? Der Erfinder der Atombombe gegen die Juden?

»Das ist doch Quatsch! Wenn der Mann Historiker ist, müsste er doch wissen, dass ein Abschnittsleiter im SD nicht so eine Bedeutung hatte. Er schiebt mich ein paar Stockwerke höher, als ich gesessen habe.«

Und der Aktenvermerk an Eichmann? »Von dem behaupte ich, dass er nicht stimmt!« Höppner hebt die Stimme.

»Keine Signatur, kein Geheimvermerk.« Das hatte er schon während des Prozesses in Posen gesagt und dann auch bei der Vernehmung in der Bundesrepublik. Doch man habe ihm das nicht abgenommen, meint er, heute noch bitter.

Aber wer sollte 1945 ein Interesse gehabt haben, gerade dieses eine Dokument zu fingieren, um eine Person zu belasten, von der damals kaum mehr als der Name bekannt war?

Höppner ist zerrissen. Einerseits habe er Glück gehabt, dass er nicht zum Tode verurteilt wurde. Wenn sein Prozess in Warschau und nicht in Posen stattgefunden hätte, dann wäre er gehenkt worden, dessen sei er sicher. Andererseits hatte er auch viel Pech, wie er glaubt. »Es war mein

Unglück, dass ich nach meiner Zeugenaussage in Nürnberg nicht mehr an die Engländer zurückgestellt wurde«, sagt er. Er hatte im August 1946 im Nürnberger Prozess gegen den Sicherheitsdienst als Zeuge ausgesagt und war anschließend an die Polen ausgeliefert worden. An den Tag seiner Übergabe kann er sich genau erinnern: der 24. Februar. »Es war mein Geburtstag!«

Bei seiner ersten Vernehmung ließen die Polen durchblicken, Leugnen sei sinnlos, sie wüssten ohnehin alles. »Aber gewusst haben die gar nichts«, triumphiert er heute noch. Wenn er nach seiner Funktion gefragt wurde, sagte er »Oberregierungsrat«, was ja auch stimmte. »Dass ich SD-Abschnittsleiter und SS-Obersturmbannführer war, das verschwieg ich.« Er lacht wie über einen gelungenen Streich.

Dann wird er ernst. Diese Ausrede habe freilich nur wenig geholfen, denn zumindest was Rang und Stellung anlangte, waren die Polen ausreichend informiert.

(»Wenn dich jemand fragt, was dein Vater gemacht hat«, so hatte mir meine Großmutter bis in mein Mittelschulalter hinein eingeschärft, »dann sag, er war Regierungsrat.« Dass er daneben auch SS-Sturmbannführer und leitender Beamter der Gestapo gewesen sei, darauf dürfe ich zwar stolz sein – sie sei es auch –, aber ich solle das nicht erwähnen. Dass ich ihren Stolz nie nachzuempfinden vermochte, kränkte sie tief.)

Ein Thema, das die Polen besonders interessierte, war ein Vorschlag, den Höppner im September 1941 an das RSHA in Berlin schickte, diesmal an Eichmann und Standartenführer Dr. Ehlich. Ein Memorandum über die »Organisation der Umwandererzentralstelle«. Höppner schlug die Schaffung einer zentralen UWZ in Berlin vor, der auch ein Referat für rassische Ausmusterung anzugliedern sei. Diese neue UWZ solle nach siegreicher Beendigung des Krieges die Vertreibung aller unerwünschten Volksteile aus den für die Ansiedlung Deutschstämmiger vorgesehenen Gebieten in den fernen, unwirtlichen Osten organisieren.

Wieder war Höppner besorgt, man könnte in Berlin seine Pläne als Hirngespinst abtun. Es wäre »Phantasterei«, räumte er ein, die Organisation dieser der Aufsicht der SS unterstellten »Räume« jetzt schon im Detail zu planen. Es sei jedoch wesentlich, »dass von Anfang an völlige Klarheit darüber herrscht, was nun mit diesen ausgesiedelten, für die großdeutschen Siedlungsräume unerwünschten Volksteilen endgültig geschehen soll, ob das Ziel darin besteht, ihnen ein gewisses Leben für dauernd zu sichern, oder ob sie völlig ausgemerzt werden sollen«. Auch dieser Vorschlag fiel in Berlin auf fruchtbaren Boden. Standartenführer Dr. Ehlich war einer der Verantwortlichen für den geheimnisumrankten »Generalplan Ost«, von dem nur Fragmente bekannt sind. Sicher ist, dass der Plan Anfang 1942 ausgearbeitet wurde und die Aussiedlung von über dreißig Millionen Slawen aus Polen, der Ukraine und Weißrussland nach Sibirien vorsah.

Wie bei der Endlösung taucht auch beim Generalplan Ost gleich zu Beginn der Name Höppner auf. Zufall?

Dieses Dokument sei authentisch, kein Zweifel, ja, es stamme von ihm. Höppner ist selbst erstaunt, dass er solches formuliert hat. »Ja, das ist das Einzige, wo ich über mich selbst betroffen war, als ich es später wieder gelesen habe.«

Aber wenn er sich heute etwas vorwerfe, dann vor allem eines: »Wir haben die Polen immer falsch eingeschätzt, sie leider nie begriffen. Wir haben nie verstanden, was diese Nation für den Westen geleistet hat, gegen die Moskowiter, die Tataren, die Türken ...«

Damit sind wir in der Gegenwart. Er verfolge die Ereignisse in Polen mit großer Sympathie und Anteilnahme, versichert er. Was sich heute abspiele, habe sich ja schon damals in den Herzen der Polen, mit denen er die Gefängniszelle teilte, abgespielt. Die politische Entwicklung sei schon damals im Gefängnis so besprochen worden, wie sie jetzt ablaufe.

Gleich vielen deutschen Kriegsverbrechern war Höppner mit Polen zusammengesperrt, die kurz zuvor noch gegen ihn gekämpft hatten. Zu ihrem Pech allerdings auf der falschen Seite, in der Armia Krajowa, die der Londoner Exilregierung gehorchte. Ein Mann ist ihm bis heute unvergesslich. Er stammte aus dem Hochadel und war unter Piłsudski Landwirtschaftsminister gewesen.

Dieser Lechnicki habe ihm eine Geschichte erzählt, die das ganze Land charakterisiere. Seit 1830, so berichtete Lechnicki, sei noch jedes männliche Familienmitglied mindestens einmal ins Gefängnis gewandert. Daraus entwickelte sich eine Familientradition. Bei den Lechnickis stand neben der Tür immer ein fertig gepackter Koffer mit allem Nötigen für das Gefängnis. Wurde einer abgeholt, brauchte er nur den Koffer zu nehmen. Natürlich hatte der Diener Befehl, gleich einen neuen zu richten. Höppner schüttelt sich vor Lachen.

Mit Lechnicki habe er leider nur ein paar Wochen zusammen gesessen. Die Gesellschaft wechselte. Es gab auch Häftlinge, die ihre Frau zerstückelt hatten. Doch die meisten waren politisch. 1949 kam ein ganzer Schub junger Leute, »aus dem Wald«, wie es hieß. Partisanen, die gegen die Kommunisten gekämpft hatten. Viele wurden zum Tode verurteilt.

»Einmal war ich in einer Zelle der Einzige mit lebenslänglich. Alle anderen hatten Todesurteile. Alles Polen. Da waren so vierzig Mann drin.«

Als Deutscher sei er in den polnischen Gefängnissen immer gut behandelt worden. Wenn man schon sitzen müsse, dann lieber in Polen als in Deutschland. »Obwohl ich hier – Gott sei Dank – nie gesessen habe.« Die Deutschen wurden nicht schlechter behandelt als die Polen. Eher besser.

Besonders gut hat er das Gefängnis in Posen in Erinnerung. Da gab es noch viele Aufseher, die in Preußen gedient hatten. Als er 1955 zum zweiten Mal nach Posen kam, wurde er wie ein verlorener Sohn behandelt. Nein, gegen die Polen verspüre er keinerlei Bitterkeit. Ganz im Gegenteil.

»Wenn Sie mich fragen, ich mag die Polen. Ich schicke jetzt auch Pakete dorthin. Ich habe mir sogar überlegt, ob ich nicht ein Paket an mein Gefängnis in Posen schicken soll. Die würden Augen machen ...«

Ob er die Pakete unter seinem Namen schicke? »Selbstverständlich.«

»Und die kommen nie zurück, mit Ihrem Absender ...?«

Höppner ist fast beleidigt. Also so was? Warum denn?

Das liege doch alles so weit zurück. Zwölf Jahre Haft seien seiner Meinung nach Buße genug. Was die Deutschen in Polen getan hätten, verlange natürlich nach Buße. Er, für seinen Teil, habe die geleistet.

Er schaut auf die Uhr. Es ist kurz vor vier. Um vier Uhr, so hat er mir vorher am Telefon gesagt, erwarte er jemand im Büro.

»Jetzt muss ich aber gehen. Ober, zahlen!«

Bis der Ober kommt, hält er mir noch einen kurzen Vortrag. Ja, er habe viel Glück gehabt. Mit den Kindern, die hätten es alle zu etwas gebracht. Das habe er irgendwie auch den Polen zu verdanken, die hätten ihn ja ebensogut aufhängen können. Oder 1957 in die DDR zurückschicken, er stamme doch aus Sachsen.

Als die Rechnung kommt, zahlt er. »Nein, hier in Bonn bin ich der Gastgeber, in Wien vielleicht Sie!« Wir schütteln einander die Hand, er geht hinaus, rasch, elastisch, aufrecht – immer noch. Durchs Fenster sehe ich, wie sich der gut gekleidete Herr den Weg durch die Passanten bahnt. Ich denke an Julian Leszczyński, seine Trainingshose, den Plastikmantel, die Pullmankappe, die provisorisch geflickte Brille …

Als ich nach Wien zurückkomme, wartet schon ein Brief aus Warschau. Er freue sich, schreibt Leszczyński, dass ich versuchen wolle, dieses für die Geschichte der Hitlerverbrechen so wichtige Kapitel, das leider bislang nie entsprechende Berücksichtigung fand, näher zu beleuchten. Was freilich meine Absicht betreffe, mit Höppner zu sprechen, sei er vom Scheitern dieses Bemühens überzeugt. Höppner sei ein erfahrener und gefinkelter SD-Fuchs, schreibt Leszczyński, der jedem Gespräch aus dem Weg gehe.

Was seine eigenen Nachforschungen in Sachen Höppner betreffe, habe er diese leider vernachlässigen müssen, wegen seiner sich ständig verschlechternden Gesundheit, »vom fehlenden Echo auf meine Bemühungen ganz zu schweigen«. *(1982)*

# Zigeunerangelegenheit 1

Bei den Kämpfen zwischen deutschen und russischen Soldaten wurden keine Häuser beschädigt. Die Kampfhandlungen dauerten nur einen halben Tag (5. April 1945).

Zuerst hatten die russ. Soldaten fast alle Häuser besetzt und in Anspruch genommen, später kamen nur vereinzelt Soldaten aus anderen Gemeinden, die ständig Vieh und Sachgüter begehrten, bzw. gegen den Willen der Bevölkerung beschlagnahmten.

Es gingen im gesamten Orte 10 Pferde, 42 Rinder, 60 Schweine und eine nicht feststellbare Anzahl von Geflügel verloren, außerdem erlitten etliche Familien Besatzungsschäden an beweglichen Sachgütern.

Die Bilanz des letzten Krieges ergab für Goberling 36 Gefallene, davon fielen 3 Volkssturmmänner an der Front bei Rechnitz.

In Kriegsgefangenschaft waren 24 Soldaten geraten; diese kamen im Laufe der nachfolgenden Jahre zurück.

[...]

1955 gelang es, die letzten zwei Zigeunerfamilien aus Goberling wegzubringen.

Die Gemeindevertretung, bezw. die Urbarialgemeinde kauften die Hütten dieser Zigeuner und ließen diese abtragen. Die Gemeinde Goberling, die früher eine ziemlich starke Zigeunersiedlung hatte, ist seither ohne solche.

[...]

Der Bürgermeister

*Quelle:* »Bericht über die Ereignisse 1945 bis 1956 in der Gemeinde Goberling«, erstellt im Jahre 1957 für die Bezirkshauptmannschaft Oberwart

*Anmerkung:* Bis 1938 lebten in der Gemeinde Goberling, in der Nähe der Ortschaft Stadtschlaining, Bezirk Oberwart, rund achtzig Roma, die Mehrzahl wurde von den Nationalsozialisten ermordet.

# Zwischen Bocksdorf und Stegersbach

*Südburgenländische Beobachtungen*

Wenn es eine unauffällige Minderheit in Österreich gibt, dann sind das die Ungarn. Ich sage das wertfrei, ohne Absicht einer Kritik, und habe keine Ahnung, womit das zusammenhängt. Aber es ist so. Von den Slowenen hört man immer wieder, manchmal auch von den Kroaten, von den Roma, aber von den Ungarn? Die verhalten sich still.

Im Südburgenland gibt es noch den einen oder anderen mehrheitlich ungarischen Ort, und seit kurzem haben wir sogar zweisprachige Ortstafeln, die meisten sind kroatisch/deutsch, aber ein paar auch ungarisch/deutsch, so etwa in Unterwart, ungarisch Alsóör. Es sind nicht viele zweisprachige Ortstafeln, aber immerhin, besser als keine; lange genug haben die Minderheiten darauf warten müssen. In manchen Orten findet man mit einigem Glück noch vereinzelte ungarische Aufschriften an Gebäuden, aus der Zeit, als das Burgenland bei Ungarn war. Eine davon gab es bis vor kurzem in Stegersbach, das neben Bocksdorf liegt, wo ich seit Jahren wohne. Bocksdorf und Stegersbach sind nur durch ein paar Felder getrennt und werden in ein paar Jahren wohl zusammenwachsen, was sich viele Bocksdorfer sehnlich wünschen, weil Stegersbach viel größer ist und vor allem direkt an der Bundesstraße liegt, und das gilt in einer Region wie der unseren als Vorzug, obwohl man darüber natürlich auch anderer Ansicht sein könnte.

In diesem an der Bundesstraße gelegenen Stegersbach also gab es eine alte ungarische Aufschrift, die sich auf einem langgestreckten, ebenerdigen Haus befand, in dem früher einmal vermutlich ein Getränkehändler eine Niederlassung hatte, weil in großen, altmodischen Lettern Bor (Wein), Sör (Bier) usw. über die ganze Vorderfront des Hauses geschrieben stand. Es war nichts Besonderes, aber doch ein interessanter Akzent in diesem sonst nicht übermäßig interessanten Ort, in dem es ein Kastell gibt, ein Telegraphenmuseum, ein paar Supermärkte, und eine Nachtbar nicht zu vergessen, die tatsächlich Peverely Hills heißt. Die Nachtbar mit dem kuriosen Namen liegt an der Hauptstraße, während das Haus mit der ungarischen Aufschrift in einer Nebengasse hinter dem Sportplatz steht. Als ich kürzlich wieder einmal an diesem Haus vorbeikam, sah ich, dass die Fassade samt ungarischer Aufschrift weiß übermalt worden war. Die ungarischen Worte sind verschwunden, wurden weggeweißelt. Ich weiß nicht, ob die Fassade mit der alten Schrift unter Denkmalschutz stand, denkbar wär's, aber ein Stegersbacher, mit dem ich über die verschwundenen ungarischen Worte sprach, meinte nur: Wer nicht viel fragt, geht nicht irre. Nach diesem Motto sei wohl auch der Hausbesitzer verfahren. Der Vollständigkeit halber sei angemerkt, dass der Besitzer des besagten Hauses einen Namen trägt, der auf eine ungarische Herkunft schließen lässt, doch das hielt ihn offenbar nicht davon ab, eines der letzten sichtbaren Denkmäler der ungarischen Vergangenheit in Stegersbach (ungarisch Szentelek) übermalen zu lassen. Jetzt haben wir in der ganzen Gegend nur mehr ein einziges Haus mit ungarischer Aufschrift, eine alte Spiritusfabrik in Rauchwart (ungarisch Rábort), die einem Künstler als Atelier dient, was hoffen lässt, dass dieses Zeugnis der Vergangenheit noch länger erhalten bleiben wird.

Dass der brave Stegersbacher seine ungarische Fassade

ausgerechnet jetzt übermalen ließ, ist bemerkenswert. Jahrzehnte hat sie keinen gestört, und gerade jetzt, da man endlich zweisprachige Ortstafeln aufstellt, um an die Existenz der ungarischen Minderheit zu erinnern, muss sie weichen. Hat dieses zeitliche Zusammentreffen einen besonderen Grund? Wahrscheinlich nicht. Vermutlich ist es reiner Zufall. Und Ausdruck jener Gedankenlosigkeit, die man bei uns im Umgang mit Minderheiten nun einmal an den Tag legt. Was daran so störend wirkt, ist die Tatsache, wie das vor sich geht, so glatt, so problemlos, so selbstverständlich. Heute gibt es noch ein sichtbares Relikt der Vergangenheit, und morgen ist es weggewischt. Schluss. An die ungarische Geschichte unseres Ortes werden wir nicht gern erinnert, sagte ein Stegersbacher Bekannter. Das ist verständlich. Das Burgenland konnte erst 1921 endgültig in den österreichischen Staatsverband eingegliedert werden. Das verbliebene Österreich hatte zwar bei den Friedensverhandlungen von St.-Germain das so genannte Deutschwestungarn bekommen, in dem vorwiegend Deutsch und Kroatisch gesprochen wurde, doch ungarische Freischärler wollten sich damit nicht abfinden und riefen in Oberwart sogar einen eigenen Freistaat aus, der allerdings eine kurze Episode blieb. Doch die ungarischen Freischärler unter der Führung von Oberst Anton Lehár, einem Bruder des Operettenkomponisten, lieferten der österreichischen Gendarmerie, die als erste Ordnungsmacht in die Grenzregion einzog, unter dem Schlachtruf »Nem, nem, soha!« (Nein, nein, niemals) blutige Kämpfe, bei denen es Tote und Verwundete gab.

Ist das Grund genug, gedankenlos etwas zu tilgen, was an die ungarische Zeit erinnert?

Die Ungarn bilden natürlich keine Ausnahme. Ähnlich,

wenn nicht schlimmer, ergeht es anderen Minderheiten. In Güssing zum Beispiel gab es bis 1938 eine jüdische Gemeinde, die in der Nazizeit vernichtet wurde. Zerstört wurde auch der jüdische Friedhof, an den heute nur mehr symbolische Grabsteine gemahnen, die von einem Verein namens »Shalom« aufgestellt wurden.

Vor etwa einem Jahr wurde nun von dem Bezirk, der sich jetzt Thermenregion nennt, eine Broschüre herausgegeben, in der man alles findet, was auch nur annähernd mit Kultur zu tun hat: Burgen & Schlösser, Baudenkmäler, Gedenkstätten, Museen, Kirchen, Kapellen & Bildstöcke, Künstler & Kulturschaffende, Veranstaltungen usw. Alles wird da aufgelistet, was die Region zu bieten hat, von den Pinkafelder Martinitagen bis zum Gedenkstein für die Opfer der Landnahme des Burgenlandes 1921, der in Burgauberg-Neudauberg zu besichtigen ist, bei Bocksdorf wird als Attraktion sogar der Keramikbrunnen am Vorplatz des Feuerwehrhauses angeführt, den im Vorjahr ein arger Sturm umgeschmissen und zertrümmert hat. Dafür fehlen dort ein paar andere Dinge, die man vielleicht nicht Attraktionen nennen möchte, wie die symbolischen Grabsteine, die an den zerstörten jüdischen Friedhof von Güssing erinnern. Die werden nicht erwähnt. Auch nicht der jüdische Friedhof von Rechnitz, wo es ebenfalls bis 1938 eine jüdische Gemeinde gab. Und auch bei Deutsch-Schützen wird man vergeblich die Gedenkstätte für die jüdischen Zwangsarbeiter suchen, die hier im Frühjahr 1945 erschossen und im Wald verscharrt wurden (das Massengrab wurde vor ein paar Jahren entdeckt, und damals errichtete man ein schlichtes Denkmal, das einen Besuch lohnt). Ist es lediglich Gedankenlosigkeit, dass diese Gedenkstätten in der Broschüre fehlen? Die Informationen für die Broschüre, heißt es im Vorwort, wurden von den Gemeinden und örtlichen Tourismusverbänden zur Verfügung gestellt.

Ich will nicht auf die Südburgenländer einschlagen, ich glaube nämlich nicht, dass sie sich in dieser Hinsicht von den übrigen Österreichern unterscheiden. Und ich glaube auch nicht an eine große Verschwörung. Nein, dahinter steckt wahrscheinlich pure Gedankenlosigkeit, die schlampige Art, mit der hierzulande Minderheiten missachtet, das Gedenken an den Holocaust und andere Tragödien als lästige Pflichtübung betrachtet werden, die man nur zu gern vergisst. Nicht gedacht soll ihrer werden. Das nennt man den sanften Tourismus.  *(2001)*

# Der österreichische Weg

*Epilog auf eine verschwindende Minderheit*

»Natürlich wird fest germanisiert.« Der junge Dozent im beigen Schnürlsamtanzug sagte es mit Nachdruck und fuhr dann genüsslich fort, eine Semmelhälfte mit Butter zu bestreichen. Draußen regnete es in Strömen; die plüschbezogenen Sitzbänke im Café Bräunerhof in der Wiener Innenstadt waren fast leer und die beiden Ober damit beschäftigt, mit flinken, tausendmal geübten Handgriffen einen Stapel frischer Tageszeitungen in die hölzernen Halter zu spannen. Der Dozent beendete sein Frühstück.

Über den mit Tellern, Besteck und Gläsern vollgeräumten Tisch hinweg begann er die Diskriminierung einer ethnischen Minderheit darzulegen. Die Burgenländer Kroaten seien ein kleines, fleißiges Völkchen, das mit wachsendem Grimm zusehen müsse, wie es um seine guten Rechte geprellt werde, die ihm nach Paragraph 7 des Österreichischen Staatsvertrages von 1955 zustünden. Ortstafeln, Gemeindeämter, Gerichte, Kindergärten und Schulen: im Burgenland sei alles einsprachig, nämlich deutsch. Als ob es keine Kroaten gäbe! Die Volksgruppe sei vor mehr als vierhundert Jahren ins Land geholt worden, um die durch Türkenscharen verwüsteten und entvölkerten Landstriche um die Brucker und Wiener Neustädter Pforte neu zu besiedeln – und das sei nun der Dank! Die Zahl unserer Kroaten gehe von Jahr zu Jahr zurück, es sei eine Schande. »Heute leben vielleicht noch 30000 im Burgenland, aber wenn das so weitergeht …«

Der Dozent rührte düster im Kaffee. »Dann werden wir

sie bald unter Naturschutz stellen müssen, wie die Große Trappe und den Löffelreiher«, versuchte ich zaghaft zu scherzen. Er warf mir einen strafenden Blick zu.

Vor allem die mittlere Generation, die Dreißig- bis Vierzigjährigen, spann er die Geschichte eines Verschwindens weiter, habe sich vom Virus der Assimilation anstecken lassen und falle leichtgläubig auf das Argument herein, dass den Aufstieg nur schaffen könne, wer sein Kroatentum ablege. Noch sei freilich nicht alles verloren. Mein Gegenüber nahm das Buttermesser und legte es wie ein Schwert zwischen uns auf den Tisch. »Viele Junge lernen wieder die Sprache ihrer Großeltern und wehren sich gegen die Germanisierung.«

Der Dozent griff nach seiner kunstledernen Aktenmappe und erhob sich. Er schaute hinüber zur Uhr über dem Kuchenbuffet; er müsse nun gehen, er werde im Institut erwartet. »Es gibt im Burgenland sogar eine Kommission, die kaum jemand kennt und die sich bemüht, selbst die kleinsten Hügel und Bäche, die seit Jahrhunderten slawische Namen tragen, einzudeutschen«, sagte er, während er den Mantel anzog. Der Name der Kommission sei ihm leider entfallen, aber ich solle mich umhören, das sei ein Hammer, warf er mir im Gehen noch zu. Durch die offene Schwingtür fegte ein kalter Windstoß in die Zeitungen, die auf einem Tisch neben dem Eingang aufgetürmt lagen.

Eindeutschen? Josef Vlasits, Lehrer am Gymnasium in Eisenstadt und Mitglied jener geheimnisumwitterten Kommission, deren korrekter Name »Burgenländische Nomenklaturkommission« lautet, wie er mich schon am Telefon aufgeklärt hatte, und noch des Kroatischen Kulturvereines und einiger internationaler Gremien für Minderheitenfragen, lachte glucksend und schüttelte belustigt den Kopf. Wer mir diesen Unsinn aufgeschwatzt habe? Nein, nein, so könne man es nicht sagen, das Problem sei viel diffiziler.

Überall in Europa – und nicht nur hier – liegt nationaler Sprengstoff vergraben, und Volksgruppen und Minderheiten sind die eifrig glosenden Lunten: Korsen und Basken, Waliser, die Albaner im Kosovo, die Ungarn in Siebenbürgen, Wallonen, Flamen, Bretonen, die Slowenen in Kärnten, Ladiner und Lemken; von manchen erfuhr man überhaupt erst, wenn sie die erste Polizeistation in Schutt und Asche gelegt hatten. War nicht auch im Burgenland schon Brandgeruch zu verspüren?

Die Fahrt ins Burgenland, das sich als schmaler Streifen die ungarische Grenze entlangzieht, hatte mich auf einer gut ausgebauten Bundesstraße durch eine von sanften, weinbewachsenen Hügelkuppen durchbrochene Ebene und erbärmlich hässliche Straßendörfer geführt. Vergebens hatte ich Ausschau gehalten nach beschmierten Ortstafeln und gesprayten Protestparolen, internationale Zeichen des Widerstands gegen die Unterdrückung. Einzig in Hornstein, zwölf Kilometer vor Eisenstadt, war mir am Ortseingang eine gelb-weiße Tafel in Form eines Kreuzes aufgefallen, die frommen Reisenden mitteilt, dass im Gotteshaus von Hornstein/Vorištan zweimal am Tag eine Messe gelesen wird. Die erste Spur slawischer Besiedlungen; der verdrängt gewähnte alte Name, im Schoß der katholischen Kirche bewahrt, die ihre kroatischen Schäfchen offenbar nicht weniger liebt als die deutschen.

Auf der Suche nach weiteren Spuren der Volksgruppe war ich ins Dorfgasthaus geraten und dort bitter enttäuscht worden: Von der beleibten Wirtin bis zu den mürrischen Bauern, die schon am Vormittag beim Wein saßen, hatten alle für meine Ohren zwar nicht leicht verständlich, aber unzweifelhaft Deutsch gesprochen. Der Schweinsbraten war lauwarm gewesen. Das einfache Gotteshaus hatte ich versperrt vorgefunden, aber auf den braungestrichenen Bänken, das war mit einem Blick durch die farbigen Türscheiben zu erkennen gewesen, hatten slawische Liedertexte gelegen.

Ohne den katholischen Klerus, erklärte mir Josef Vlasits wenig später, würde es heute keine Burgenländer Kroaten mehr geben. Seit der Jahrhundertwende war bei der Minderheit eine verhängnisvolle Polarisierung aufgetreten: auf der einen Seite die Bauern, bewusst kroatisch, streng katholisch, stockkonservativ; auf der anderen Seite die Arbeiter, die sich unter dem Einfluss der österreichischen Sozialdemokratie emanzipierten und – assimilierten. Denn Kroatisch war die Sprache der Pfaffen, wer mit der neuen Zeit ging, sprach Deutsch. Viele Kroaten fanden Arbeit im Großraum von Wien, in der Industrie, am Bau; wer kein *Krowod* bleiben wollte, wie die Kroaten noch heute allgemein genannt werden, der beeilte sich, seine Muttersprache zu vergessen. Das Auftauchen der ersten jugoslawischen Fremdarbeiter beschleunigte diesen Verdrängungsprozess: Mit denen wollten nun die Burgenländer Kroaten um nichts in der Welt gleichgesetzt werden; vielen kam fortan am Arbeitsplatz kein kroatisches Wort mehr über die Lippen.

»Unsere Sprache wird leider von den eigenen Leuten zu wenig geschätzt«, sagte Josef Vlasits bedauernd und strich seine Krawatte glatt. Der Lehrer hatte mich in sein elegant eingerichtetes Arbeitszimmer geführt und eine Flasche Weißwein entkorkt. Ein massiver Couchtisch, eine braune Sitzgarnitur, Perserteppiche und Bücherregale. Über den

Büchern standen Kerzenleuchter in verschiedenen Größen, aus Messing, Porzellan, Holz und Silber, zu dichten Reihen geordnet. Beweisstücke einer ausufernden Sammlerleidenschaft, die unversehens der Freude über ein zufälliges Mitbringsel entsprungen war, wie sich mein Gastgeber nicht ohne Stolz erinnerte. Er bat mich, die Zahl der Leuchter zu schätzen; ich musste passen. »Mehr als 200«, verriet er und blickte nach oben, als erwarte er von den stummen Objekten seiner Zuneigung ein Zeichen des Dankes.

Die Burgenländische Nomenklaturkommission, aus Josef Vlasits sprach jetzt der Lehrer, habe eine klar umrissene Aufgabe: Sie forste alle grundbücherlichen Ausdrücke durch und prüfe sie auf ihre Verständlichkeit. Das Burgenland sei erst 1921 endgültig an Österreich gefallen, daher herrsche in Katastern und Karten ein heilloses Sprachbabel. Kroatische Namen, ungarisch oder deutsch geschrieben, stünden neben ungarischen und deutschen. Das müsse mit Bedacht geordnet und vereinheitlicht werden.

Ob es denn vorkomme, dass die alten slawischen Flurnamen eingedeutscht würden, wollte ich wissen. Gewiss doch, räumte der Lehrer ein, aber nur, wenn die Gemeinde es wünsche. Die Kommission mache nur Vorschläge, das letzte Wort spreche die Gemeinde. Es sei nicht selten, dass auch mehrheitlich kroatische Gemeinden – die übrigens immer seltener würden – sich für deutsche Namen entschieden. Sie wollten sich halt in nichts unterscheiden. Er hob sein Glas. Der Weißwein war gut gekühlt und resch.

Ich erinnerte mich an ein Gespräch mit einem anderen Mitglied der Kommission: Professor Josef Breu, ein nervöser, schlanker Mittsechziger, hatte während des Vortrags, den er mir im Wiener Palais Pálffy in seiner mit Büchern und Landkarten vollgestopften Kammer im Institut für Ost- und Südosteuropakunde hielt, ständig mit einem Schlüsselbund geklingelt. Die Überlebenschancen der Kroaten hatte er nicht sonderlich hoch eingeschätzt. »Der Assimilationsdruck kommt ja aus den kroatischen Gemeinden selbst. Wer will denn heute noch der Minderheit angehören und ihre Sprache bewahren? Das ist doch romantischer Firlefanz.« Er war auf eine kleine Bücherleiter geklettert und hatte nach Fachliteratur gesucht, die mir die Augen für die Wirklichkeit öffnen sollte.

»Solange die Kroaten im Burgenland auf ihrer Sprache bestehen, bleiben sie Gastarbeiter, auch wenn sie 450 Jahre im Land sind.« Für einen gewöhnlichen Menschen sei es gar nicht möglich, zwei Sprachen gleich gut zu beherrschen. Es seien die Eltern selbst, die den Kroatischunterricht an den Schulen abschaffen wollten, damit die Kinder gut Deutsch lernten. Ob das nicht traurig sei, hatte ich gefragt. »Traurig? Wie man's nimmt. Die Leute sehen es anders, die passen sich gern an. Die Welt ist ständig in Bewegung; wenn immer alles gleich bliebe, würden wir heute noch Keltisch sprechen.«

Das hatte mir eingeleuchtet. Ich fragte mich, warum so viele andere Minderheiten das nicht genauso sehen wollten. Man könne eine Minderheit vernichten, hatte Professor Breu sich dann auf das Gebiet der vergleichenden Geschichtsforschung begeben, indem man sie totschlage – das hätten die Ungarn vor 1921 versucht. Oder man schenke ihr keine Beachtung und lasse sie ungestört schalten; dann gehe sie auch zugrunde – das sei der österreichische Weg.

»Da ist schon was dran«, bestätigte Josef Vlasits; er wirkte auf einmal müde. Die Volksgruppe werde nicht dis-

kriminiert, aber auch nicht gefördert. Gewiss, Kroaten säßen in allen wichtigen Ämtern des Landes, aber das habe
nichts zu bedeuten: So mancher von denen wechsle Sprache und Volkszugehörigkeit wie andere Leute die Hemden.

»Ich kann die Partei wechseln, ich kann die Religion wechseln, warum soll ich nicht auch die Sprache wechseln können?«, sagte Fritz Robak mit unüberhörbarem Akzent. Der
kleingewachsene, quicklebendige Siebzigjährige, der mich
in Hosenträgern und Hausschuhen an der Eingangstür seines schmucklosen Einfamilienhauses empfangen hatte, war
lange Jahre Abgeordneter der SPÖ zum Nationalrat, Bürgermeister der gemischtsprachigen Gemeinde Steinbrunn/
Štikapron und dazu noch Vorsitzender einer kuriosen Institution mit dem monströsen Titel »Konferenz der Bürgermeister und Vizebürgermeister der kroatischen und gemischtsprachigen Gemeinden«.

Eine alte, in Schwarz gekleidete Frau hatte mir am Dorf-
platz den Weg gewiesen: Der alte Robak – sie hatte es voll
Respekt gesagt – wohne im einzigen Stockhaus in der
Gasse, ich könne es gar nicht verfehlen. War es die Achtung vor dem Altbürgermeister, die der Frau sein Haus so
einmalig hoch erscheinen ließ? Ich hatte am ersten einstö-
ckigen Haus in der mir bezeichneten Gasse geläutet und
war von einer dumpf aus der Gegensprechanlage brum-
menden Stimme darauf hingewiesen worden, der Robak
wohne ein paar hundert Meter weiter.

Der alte Politiker quittierte die Schilderung der Suche
mit einem zufriedenen Lächeln. Da hätte ich den Beweis
für den hier herrschenden Wohlstand, selbst der Brieftra-
ger, dem die Stimme aus der Sprechanlage gehört habe,

könne sich ein Stockhaus leisten. Und warum? Weil er, der Robak, als sozialistischer Bürgermeister unermüdlich gepredigt habe, seine *Krowodn* dürften sich nicht in ein künstliches Ghetto abdrängen lassen. Chancengleichheit und gutes Zusammenleben mit der deutschen Bevölkerung hätten Vorrang vor Sprach- und Volkstumsfragen. »Kroatisch ist eine Sprache, die nur für den Intimbereich taugt«, versuchte er seine Haltung sprachwissenschaftlich zu stützen, »außer Haus spricht man Deutsch.« Vor allem mit den Kindern, das sei sehr wichtig. Er selbst habe es auch immer so gehalten und sei damit nicht schlecht gefahren: Mit seiner Frau spreche er Kroatisch, aber schon sein vierjähriges Enkerl verstehe kein Wort mehr. In Steinbrunn gebe es überhaupt keinen unter achtzehn, der noch die alte Sprache verstehe. Er ließ einen stolzen Blick durch das Zimmer wandern. »Im Burgenland gibt es keine Minderheitenprobleme, das behauptet nur eine böswillige Minderheit, die aus dem Ausland gelenkt wird.« Ich spitzte die Ohren. Schuld an all dem Übel seien die Jugoslawen, die sich ungebeten als Schirmherren der Burgenländer Kroaten aufspielten. Erstens gebe es keinen Konflikt, und zweitens werde dieser in Jugoslawien künstlich erzeugt, sagte er kryptisch. Aus einem Hof in der Nähe hörte man die Hühner gackern.

Als jugoslawische Medien Mitte der siebziger Jahre begannen, sich immer lauter für die vermeintlich entrechteten Landsleute in Österreich einzusetzen, hatte der Bürgermeister von Steinbrunn und Abgeordnete zum Nationalrat die außenpolitische Initiative ergriffen und in höflichem, aber bestimmtem Ton Staatspräsident Tito seine Meinung gesagt. Von einer Benachteiligung oder gar zwangsweisen Assimilierung, hochverehrter Herr Präsident, könne gar keine Rede sein; die Burgenländer Kroaten fühlten sich frei und zufrieden wie kaum eine andere ethnische Minderheit auf der Welt. »Was das Burgenland betrifft«, hatte er Tito informiert, »muss betont werden, dass die formelle Nichterfüllung des Österreichischen Staatsvertragsartikels 7 keinesfalls auf Böswilligkeit österreichischerseits beruht ... Was kann Österreich dafür, wenn die Minderheit auf das ihr zustehende Recht verzichtet?« Wie handschriftliche Notizen auf der Kopie belegten, fand das Dokument in Zeitungen, Rundfunk und Fernsehen Erwähnung.

Nur Tito hatte nicht hören wollen, grämte Robak sich heute noch. Nicht einmal geantwortet habe er ihm. Robaks Verhältnis zu Jugoslawien hatte einen bleibenden Riss davongetragen. Früher sei er gern mit der Familie hinunter gefahren, auf Urlaub, meistens ans Meer, daran sei nicht mehr zu denken. Er habe sogar Morddrohungen erhalten. Betrübt schüttelte er den Kopf.

Es war freilich ein offenes Geheimnis, dass es nicht nur im südlichen Nachbarland Menschen gab, die dem alten, streitbaren Mann übel wollten. Seine Assimilationspolitik hatte ihm auch in den Reihen der eigenen Partei, der SPÖ, nicht nur Freunde gemacht. Während Landes- und Bundespolitiker ihm applaudierten, verzogen vor allem junge, linke Sozialisten bei der Nennung seines Namens schmerzlich das Gesicht. Sie empfanden ihn als Schandfleck auf der Parteiweste; die jungen Kroaten hassten ihn offenen Herzens, wie man nur einen Renegaten hassen kann. Konservative und Klerikale schließlich sahen in Robak einmal den Roten und dann den Totengräber einer gottesfürchtigen Minderheit – wenn es stimmt, dass viel Feind viel Ehr bedeuten, dann war der Altbürgermeister ein ehrenvoller Mann.

»Ich bin jetzt siebzig und möchte ein Buch schreiben über die Entwicklung der Minderheit«, sagte er und hob ein unförmiges Manuskript aus der Lade des Arbeitstisches. Er habe kastenweise Material, das Buch werde viel Sprengstoff enthalten. Wenn ihm etwas zustoße, bekomme Bundeskanzler Fred Sinowatz, selber Burgenländer, das Material. »Sehen Sie, da«, sagte er und breitete eine Karte des Bundeslandes auf das Sofa. Die Orte waren mit verschiedenen Farben markiert. Grün bedeute, erklärte er, dass der Ort früher gemischtsprachig war, nun aber rein deutsch sei. Es gab viel Grün auf der Karte. Robak fuhr wie ein siegreicher Feldherr mit dem Finger von Punkt zu Punkt: »Da, Kroatisch Tschantschendorf, früher gab's da nur Krowodn, heute gibt's keinen einzigen mehr; Stinatz/ Stinjaki, früher rein kroatisch, jetzt gemischt; ebenso Groß Warasdorf, Nikitsch, Oslip ...«

Rein kroatische Gemeinden gebe es keine mehr. Bei der nächsten Volkszählung werde es höchstens noch 10000 Kroaten geben. Dann sei es nicht mehr weit bis zum Ziel.

Seine Augen hinter den dicken Brillengläsern leuchteten. Er ging zum Fenster und öffnete es weit. Der Wind trug Brandgeruch ins Zimmer. Das sei ein Nachbar, sagte Fritz Robak, der verbrenne altes Laub und Zweige.

*(1983)*

# Zigeunerangelegenheit II

Zum Volkssturm wurden ca. 30 Mann, meist ältere Jahrgänge eingezogen und nach Rechnitz, Schachendorf u. Markt Allhau abkommandiert. Sie kehrten noch vor Kriegsschluss zurück.

Wenn auch Grafenschachen von Kampfhandlungen verschont blieb, so hatte die Bevölkerung doch verschiedene Leiden und Drangsalierungen, sowohl hinsichtlich der zahlreichen Requirierungen und Plünderungen als auch persönliche Schikanen seitens der Besatzungsmacht zu ertragen. Noch am 29. Juni 1945 waren in jedem Haus russ. Soldaten einquartiert, die allerdings im August 1946 bis auf 12 Mann und 1 Offizier abgezogen wurden; Letztere verließen anfangs 1948 den Ort. [...]

Vor 1938 hatte die Gemeinde 83 Zigeuner verzeichnet. Sie wurden in den Jahren 1939 bis 1942 in versch. Konzentrationslager aus rassischen und asozialen Gründen abtransportiert und dort bis auf einige in Oberösterreich lebende Personen vernichtet.

[...]

Grafenschachen, am 2. Dez. 1957
Der Bürgermeister

*Quelle:* »Bericht über die Ereignisse 1945 bis 1956 in der Gemeinde Grafenschachen«, erstellt für die Bezirkshauptmannschaft Oberwart.

# Warum wurden Stanisław Mędrek und Stanisław Grzanka erschossen?

Die Soldaten halten die Waffen schussbereit, einer weist mit dem Lauf des Karabiners die Richtung. Vom Haus bis zum Wald sind es ein paar hundert Meter. In dem Haus waren die beiden jungen Männer zwei Tage lang eingesperrt, in einer Kammer mit vergittertem Fenster. Jetzt schlägt die Gruppe den Fußweg ein, der vom Dorf durch ein Waldstück zu den so genannten Berghäusern führt. Fritz Murlasits läuft hinter den Gefangenen und ihren Bewachern her, er ist vierzehn Jahre alt und verzweifelt.

»Stanislaus! Stanislaus!«, ruft er. »Stanislaus!« Als sich einer der Männer umdreht, versetzt ihm ein Bewacher mit dem Gewehrkolben einen Stoß. Der Soldat legt auf den Jungen an und bedeutet ihm mit Rufen und Handbewegungen, sich aus dem Staub zu machen. »Ubirajsja otsjuda! Ubirajsja!«

Fritz bleibt stehen, er sieht den Männern nach, wie sie auf den Wald zugehen, vorn die zwei Polen in Zivilkleidung, dahinter die russischen Soldaten in ihren braungrünen Uniformen. Der Weg führt bergauf. Stanislaus, der eigentlich Stanisław heißt, trottet vor den Bewachern her, neben ihm der zweite Gefangene, auch er heißt Stanisław; von den Leuten, bei denen er arbeitet, wird er Stani genannt, sie können den polnischen Namen nicht aussprechen. Die Gruppe verschwindet zwischen den Bäumen. Fritz geht zurück zum elterlichen Hof, einige Zeit später hört er die Schüsse.

Wann Stanisław Mędrek und Stanisław Grzanka nach Bocksdorf gekommen sind, vermag im Ort keiner zu sagen. 1942, vielleicht erst 1943. Wahrscheinlich kamen sie mit demselben Zwangsarbeitertransport aus Polen. Sie stammten aus derselben Ortschaft, aus Kolbark, einem Dorf fünfzig Kilometer nördlich von Krakau, auf halber Strecke zwischen Olkusz und Wolbrom. Und irgendwie schafften sie es, gemeinsam nach Bocksdorf geschickt zu werden. Die beiden jungen Polen wollten in der Fremde, wo sie sich nur schwer zurechtfanden, beisammen bleiben, gewiss war das ihre erste Reise ins Ausland, wenn man einen Zwangsarbeitertransport eine Reise nennen kann.

Bocksdorf liegt heute im Südburgenland, damals gehörte es zur Steiermark, das Burgenland war im Oktober 1938 zwischen Niederösterreich und der Steiermark aufgeteilt worden. Auch in Bocksdorf waren, wie überall in Österreich, auf vielen Bauernhöfen Kriegsgefangene und ausländische Zwangsarbeiter tätig, um die in den Krieg gegangenen Männer zu ersetzen. Franzosen, Polen, Ukrainer, Jugoslawen. Polen gab es in Bocksdorf angeblich nur zwei, Stanisław Mędrek und Stanisław Grzanka. Im benachbarten Stegersbach, dem nächstgrößeren Ort, arbeiteten mehr Polen, auch Frauen. Mędrek und Grzanka waren Bauernsöhne und konnten auf dem Feld und im Stall zupacken. Ausmisten, melken, füttern, das hatten sie auch zu Hause gemacht, und sie waren willig und fleißig, die Leute waren zufrieden mit ihnen.

»Wir hatten eine kleine Wirtschaft, rund fünf Hektar, zwei Kühe, eine Kalbin, ein paar Schweine, Hühner. Stanislaus war immer fröhlich, er war wie ein älterer Bruder für mich. Ich bin ihm nicht von der Seite gewichen, mit der Verstän-

digung hatten wir keine Probleme, er sprach am Schluss
recht gut Deutsch«, erzählt Fritz Murlasits. Der alte Mann
hat ein flaches, von der Sonne gegerbtes Gesicht mit einer
kräftigen, krummen Nase. Er ist schwerhörig, und ich
muss sehr laut sprechen. Wir sitzen in seiner Küche. Er
kramt in der Schublade des Tisches und holt zwischen Zet-
teln, Gummiringen, Knäueln von Bindfäden und anderem
Kram ein kleines, zerknittertes Foto hervor. Es zeigt ihn als
Jungen mit Stanisław Grzanka vor dem elterlichen Hof, sie

haben einander die Arme um die Schultern gelegt, zwei
Freunde. Grzanka, einen Kopf größer, trägt einen dunklen
Anzug, weißes, ausgeschlagenes Hemd, schwarze Schuhe,
auf Hochglanz geputzt. Fritz nimmt sich daneben beinahe
armselig aus, die Hose viel zu kurz, er ist herausgewachsen,
derbes Schuhwerk, man könnte meinen, er sei der Zwangsarbeiter und der junge Mann im Anzug der Bauernsohn.
Auf der fleckigen Rückseite der Aufnahme steht »Grzanka«, mit Tinte geschrieben. Wann das Bild gemacht wurde,
weiß Fritz Murlasits nicht mehr.

Sein Vater war eingerückt, bei den Telegraphern, wie Murlasits sagt, in Scheibbs in Niederösterreich. Ob er den ganzen Krieg über dort war? Er legt die Hand muschelförmig hinters Ohr, die Frage hat er nicht verstanden. Zwei Brüder waren auch im Krieg, er blieb als Jüngster zu Hause. So freundete er sich mit dem polnischen Zwangsarbeiter an, der hatte sonst keinen, außer den Landsmann am Hof eines Nachbarn. Manchmal hatte Stanislaus Heimweh, nach der Mutter, den Geschwistern, nach Kolbark, dann versuchte Fritz ihn zu trösten. Wie und wann der junge Pole auf den elterlichen Hof kam, ob die Mutter ihn anforderte, weil sie allein mit der Arbeit nicht mehr zurechtkam, weiß Murlasits nicht, eines Tages war er da.

Die »Zivilarbeiter polnischen Volkstums«, wie die Zwangsarbeiter aus Polen in der offiziellen Sprache der Nationalsozialisten beschönigend hießen, sollten nach Möglichkeit »scharf getrennt« von den Deutschen untergebracht werden, auf keinen Fall durften sie mit ihnen an einem Tisch essen. Das ließ sich bei südburgenländischen Höfen, oft nicht mehr als ein Zimmer und eine Kammer, kaum in die Tat umsetzen. Bei den Murlasits war das nicht anders. Stanislaus aß mit der Familie in der Küche und schlief in der Kammer.

Fritz Murlasits weiß noch, dass Stanislaus jeden Samstag Nachmittag mit dem zweiten Polen nach Stegersbach ging, das liegt nur ein paar Kilometer entfernt. Dort gab es polnische Mädchen, die arbeiteten auch bei Bauern. Dann machte sich Stanislaus schön, zog den Anzug an, weißes Hemd, Krawatte. Das Hemd wusch und bügelte ihm die Mutter von Fritz jede Woche. Fesch hat er ausgeschaut, der Stanislaus.

Franz Schmaldienst, Jahrgang 1931 wie Fritz Murlasits, sie gingen gemeinsam in Bocksdorf zur Schule, hat die zwei Polen als eher schmächtig in Erinnerung, nicht viel größer als er selber. Er sah sie damals oft, im Dorf kennt jeder jeden. Sie waren gesellig und schlossen sich den etwas jüngeren Burschen an, die Gleichaltrigen waren alle eingezogen. Manchmal machte sich eine ganze Gruppe nach Stegersbach auf, ins Kino, dann waren Grzanka und Mędrek gern dabei. »Wir kauften die Karten und nahmen sie in die Mitte, damit der Kinobesitzer, der am Eingang stand, keinen Verdacht schöpfte«, erzählt Franz Schmaldienst.

Eigentlich waren polnische Zwangsarbeiter verpflichtet, auf der Oberkleidung ein Abzeichen zu tragen, ein quadratisches Stoffstück, fünf mal fünf Zentimeter, mit einem aufgedruckten »P«. Grzanka und Mędrek trugen das Abzeichen lose in der Rocktasche, obwohl das verboten war und streng geahndet wurde. Dafür hätten sie im Arbeitslager landen können. Der Kinobesuch war polnischen Arbeitern seit Juni 1944 zwar prinzipiell gestattet, doch es ist nicht auszuschließen, dass diese Verordnung nicht bis Stegersbach gedrungen war. Franz Schmaldienst stand jedenfalls unter dem Eindruck, sie müssten die Polen ins Kino schmuggeln, vorbei an den wachsamen Augen fanatischer Nazis, von denen es auch in Bocksdorf und Stegersbach genügend gab.

»Wir sahen Filme mit Zarah Leander und Willy Birgel, so Durchhaltefilme«, sagt Franz Schmaldienst rückblickend, an Titel erinnert er sich nicht mehr. Franz Schmaldienst ist mein Nachbar. Ich habe vor langer Zeit in Bocksdorf ein altes Bauernhaus gekauft, das ich seit ein paar Jahren ständig bewohne. Schmaldiensts Vater hatte vor dem Krieg eine kleine Bäckerei im Dorf, in der Franz und sein

Bruder lernten, daneben führte die Familie eine bescheidene Landwirtschaft, zwei Kühe, ein paar Schweine, ein paar Felder. Selbstversorger. Später ging Schmaldienst nach Wien, zu den Städtischen Verkehrsbetrieben, ein sicherer Posten mit Pensionsanspruch, er wurde Straßenbahnfahrer und fuhr jahrelang auf der Linie 5. Die Strecke kann er noch heute aus dem Gedächtnis beschreiben, Haus für Haus, er hat ein ausgezeichnetes Gedächtnis. Er liest viel, am liebsten historische Bücher, Zeitgeschichte, die Erinnerungen von Speer, eine Biographie von Hitler. Nach der Pensionierung kehrte er nach Bocksdorf zurück und baute sich hier ein Haus, etwas oberhalb des Ortes, in Bocksdorf Bergen, unsere Häuser sind in der Karte des Ortes als Berghäuser eingetragen, obwohl von einem Berg keine Rede sein kann. Eine Erhebung, nicht mehr.

Vor mir liegen fünf Fotografien, die kleine, zerknitterte Aufnahme von Fritz Murlasits und vier Atelieraufnahmen im Postkartenformat. Auf einer der großformatigen Fotografien sind wieder Stanisław Grzanka und Fritz Murlasits zu erkennen, im Atelier eines Fotografen, Fritz ist für den besonderen Anlass besser gekleidet, obwohl auch die schöne karierte Jacke sichtbar zu eng ist, vermutlich ist er damals rasch gewachsen und Kleidung war in den Kriegsjahren rar. Die beiden stehen nebeneinander und blicken ernst in die Kamera, Grzanka hat den linken Arm wie schützend um den Jungen gelegt, in der rechten Hand hält er eine Broschüre, einen Finger zwischen den aufgeschlagenen Seiten, als habe er eben noch darin gelesen und wolle sich gleich wieder in die Lektüre vertiefen. Mit einer Hand stützt sich Fritz Murlasits auf ein Tischchen, das offenbar zur Einrichtung des Ateliers gehört, dahinter sieht man

einen gepolsterten Sessel, der für das Arrangement anscheinend nicht benötigt wurde. Derselbe Sessel taucht auf einem anderen Bild auf, das einen anderen jungen Mann und ein Mädchen in einem karierten Kleid zeigt.

Der Mann sitzt an einem kleinen Tisch mit geblümter Decke, darauf eine Vase; ob die Blumen darin echt sind, lässt sich nicht sagen. Das stehende Mädchen hat eine Hand auf seine Schulter gelegt, in der anderen hält es einen Blumenstrauß. Auch dieser junge Mann hat eine Broschüre in der Hand, vermutlich ist es dieselbe wie bei Grzanka, und sie gehört, wie Tisch, Sessel und Vase, zur Ausstattung des Ateliers.

Die dritte Aufnahme zeigt wieder Stanisław Grzanka, allein, das bekannte Tischchen, dieselbe Vase, er trägt eine kühne Tolle im Haar und hält in der Linken lässig eine Zigarette. Sein Blick, der Anzug, die Tolle, die Zigarette sagen: ein Mann von Welt.

Auf der vierten Aufnahme ist Grzanka mit dem jungen Mann zu sehen, von dem ich annehme, dass es sich um Stanisław Mędrek handelt. Er ist einen halben Kopf größer als sein Freund, sie stehen Schulter an Schulter, sonntäglich herausgeputzt, dreiteiliger Anzug, weißes Hemd, Krawatte, beide eine Zigarette in der Hand.

Eines springt sofort in die Augen: Die beiden jungen Männer tragen auf keinem Bild das vorgeschriebene Abzeichen mit dem »P« auf der Jacke. Zwei Aufnahmen haben auf der Rückseite einen Stempel: Photo-Atelier Isabella Pichler, Stegersbach, Steiermark.

Isabella Pichler, akademische Malerin und Fotografin, musste wissen, wer die gebrochen Deutsch sprechende Kundschaft war, dass sie polnische Zwangsarbeiter vor sich hatte, die gegen die Vorschriften verstießen. Offenbar störte sie das nicht. Wurden die Vorschriften in Stegersbach und Umgebung nicht so streng gehandhabt? Waren die Nazis hier nicht so fanatisch?

Mit optimistischen Urteilen sollte man vorsichtig sein. Im Südburgenland gab es nicht weniger überzeugte Nazis als anderswo in Österreich. Wenn man von Bocksdorf in südwestlicher Richtung über die Hügel fährt, kommt man nach rund zehn Kilometern in ein kleines Dorf namens Rohrbrunn. Von hier stammt Alois Brunner, der als rechte Hand Adolf Eichmanns mindestens 130 000 Juden in den Tod schickte. In Rohrbrunn wird man nicht leicht jemanden finden, der bereit wäre, ein kritisches Wort über den nie gefassten Kriegsverbrecher zu sagen. Auch was die Behandlung von Zwangsarbeitern betrifft, stellte das Burgenland keine rühmliche Ausnahme dar, jedenfalls konnte ich in der einschlägigen Literatur nichts finden, was darauf hindeuten würde.

Die Aufnahmen ließen Grzanka und Mędrek vermutlich für die Familien in Bocksdorf anfertigen, zum Andenken, das könnte man als Hinweis werten, dass sie nicht schlecht behandelt wurden. Gewiss waren die Bilder auch für die Angehörigen zu Hause bestimmt, um ihnen zu zeigen, dass es ihnen gut ging in der Fremde. Aber war es ihnen möglich, die Bilder nach Polen schicken? Wohl kaum, das wäre riskant gewesen, denn die Post von Zwangsarbeitern passierte eine strenge Zensur, jeder Zensor hätte sofort gesehen, dass sie kein Abzeichen trugen. Es gab zwar für polnische Zwangsarbeiter theoretisch die Möglichkeit, in dringlichen Fällen Heimaturlaub zu beantragen, ob die beiden Bocksdorfer Polen allerdings je Urlaub erhielten, ist fraglich. Erinnern kann sich keiner daran. Im April 1944 wurde für alle ausländischen Arbeitskräfte eine Urlaubssperre verhängt.

Wie auch immer, schmächtig, wie Franz Schmaldienst die beiden Polen in Erinnerung hat, sehen sie auf den Bildern nicht aus, schon gar nicht unterernährt, wie das bei Zwangsarbeitern oft der Fall war. Wir sehen zwei kräftige, wohlgenährte junge Männer, selbstsicher, gut gekleidet.

»Wir gaben ihm den Anzug vom Hans-Onkel, der war eingezogen, an der Front, der brauchte den Anzug nicht, und Stani hatte nichts Ordentliches zum Anziehen«, erzählt Gertrude Orsolits. Sie hat den Tisch auf der Terrasse gedeckt, Kaffee in einer bauchigen Thermoskanne, selbstgemachter Kuchen. Sie ist eine rundliche, lebhafte Frau mit einem hübschen, mädchenhaften Lachen.

Stanisław Mędrek arbeitete am Hof ihres Großvaters, Florian Csar, den die Leute Csar Flurl nannten, die Großmutter erzählte viel von dem Polen, sie hatte ihn offenbar gern.

»Ich habe immer nur Gutes von ihm gehört, er hat Mama zur Großmutter gesagt, er war für uns wie ein Hausmensch«, sagt Gertrude Orsolits. Selber hat sie ihn nicht mehr gekannt, sie wurde nach dem Krieg geboren. Ebenso ihre Cousine, Anna Fuchs, die ebenfalls im Csar-Haus aufwuchs und heute ein paar Ortschaften weiter wohnt. Als Gertrude Orsolits sie anrief, um sie zu einem gemeinsamen Treffen mit mir zu bitten, suchte sie Familienfotos heraus, darunter fanden sich auch die Atelieraufnahmen der beiden Polen. Die Fotos liegen vor uns auf dem Tisch. Die zwei Frauen beugen sich über die Bilder, sie erkennen keinen der Abgebildeten. Von der kleinen, zerknitterten Fotografie, die ich schon früher von Fritz Murlasits bekam, weiß ich, wie Stanisław Grzanka aussah. Der andere muss Stanisław Mędrek sein.

Als Stanisław Mędrek ins Csar-Haus kam, das genaue Datum ist nicht zu eruieren, nicht einmal das Jahr, war er ausgehungert und dünn wie ein Strich. Das habe die Großmutter oft erzählt, sagt Anna Fuchs. Die Großmutter habe ihm am ersten Tag eine Eierspeis hingestellt, aus sieben Eiern, die habe er auf einen Sitz »verzunden«, in der Folge habe sie die Rationen ein wenig verringert, doch Hunger habe er nie gelitten.

Etwas später kommt eine Nachbarin dazu. Hedwig Kremsner kannte die beiden Polen, die heute 79jährige Frau wohnte neben den Csars, sie war oft bei ihnen zu Besuch.

»Der hat beim Csar gearbeitet«, sagt sie und deutet auf Mędrek, »der andere beim Murlasits.«

Stanisław Mędrek, den sie Stani nannten, schlief in der Stube, mit den Csar-Kindern, er hatte ein niedriges Bett gleich neben der Tür, es gab damals nur das eine Zimmer im Haus. Die Großmutter schlief in der Küche. Das Mädchen im karierten Kleid, das auf einem Bild neben Mędrek steht, war angeblich seine Freundin, eine Lehrerin aus Polen. »Sie arbeitete in Stegersbach, auch bei einem Bauern,« weiß Gertrude Orsolits.

Auf Gertrude Orsolits bin ich über das Grab der beiden Polen gestoßen. Sie liegen auf dem Friedhof in Bocksdorf, nicht weit vom Eingang, ein massiver schwarzer Stein, eine schlichte Inschrift:

KRIEGSGRAB

HIER RUHEN 2 POLNISCHE OSTARBEITER

STANISLAW GRZANKA 1925–45

STANISLAW MĘDREK 1927–45

Das Grab ist gepflegt, frische Blumen, kein Unkraut. Fragwürdig ist die Zuschreibung der Polen, denn als Ostarbeiter galten in der Diktion der Nationalsozialisten Bewohner »ehemals sowjetischer Gebiete« sowie der östlichen Gebiete Polens, die im September 1939 von der Roten Armee besetzt wurden. Grzanka und Mędrek stammten jedoch aus der Nähe von Krakau. Überhaupt fragt man sich, weshalb man nach Kriegsende bedenkenlos den abwertenden Begriff aus der Sprache des Dritten Reiches weiter verwendete. Die Inschrift wurde vermutlich vom Schwarzen Kreuz angebracht, das die Grabstätte errichten ließ. Als ich beim Schwarzen Kreuz Erkundigungen über das Grab und seine Insassen einholen möchte, kann man mir jedoch nicht weiterhelfen.

»Bezugnehmend auf Ihre Anfrage … müssen wir Ihnen leider mitteilen, dass die Nachforschungen in unserem Archiv negativ verlaufen sind. Österreichisches Schwarzes Kreuz – Kriegsgräberfürsorge, Landesgeschäftsstelle Wien, Niederösterreich und Burgenland«

Auch in der Gemeinde Bocksdorf weiß man zunächst nicht viel über das Grab, nicht einmal wer es pflegt kann man sagen. Der Gemeindesekretär nicht, der Bürgermeister nicht. Bürgermeister Adolf Schabhüttl greift zum Hörer und ruft den Pfarrer an. Pfarrer Erich Iby weiß auch nicht, wer das gute Werk vollbringt. Aber er sagt, er sei stolz auf seine Bocksdorfer, dass sie sich um das Grab kümmern, schließlich hätten die beiden Polen hier gearbeitet und ihr Leben gelassen. Bürgermeister Schabhüttl sagt, die Gemeinde verlange keine Grabgebühr, jetzt nicht und in Zukunft nicht, das sei man den Toten schuldig. Noch am selben Tag ruft mich der Bürgermeister an. Die Grabstätte werde von Frau Orsolits in Ordnung gehalten, Gertrude Orsolits.

Sie wohnt in der Nähe, wir sind fast Nachbarn.

Beim Kaffee erzählt Gertrude Orsolits, wie es dazu kam, dass sie das Polengrab pflegt. Als sie eines Tages, das war vor Jahren, den Friedhof besuchte, fiel ihr auf, wie ungepflegt es aussah. Sie riss das Unkraut aus, pflanzte neue Blumen, säuberte den Stein, brachte alles in Ordnung. Seither kümmert sie sich um das Grab. Unentgeltlich. Unbedankt. Warum sie?

»Schließlich hat einer von ihnen bei uns gearbeitet, in meinem Elternhaus«, sagt sie, als wäre das eine ausreichende Erklärung.

Die ersten Russen kamen am 12. April 1945 nach Bocksdorf. Viele Bewohner des Ortes hatten sich vorher in Sicherheit gebracht, in Nachbardörfer, wo keine Kampfhandlungen erwartet wurden, oder bei Bekannten und Verwandten in den Berghäusern oberhalb des Ortes, die meist Keller besaßen. Auch Franz Schmaldienst war mit den Eltern und den Geschwistern zu einem Verwandten in eines der Berghäuser gezogen, die Gegend wird Zickenberg genannt. Das Haus besaß sogar einen provisorischen Luftschutzkeller. Die deutschen Truppen, durch die Kämpfe gegen den überlegenen Gegner erschöpft und unter Munitions- und Treibstoffmangel leidend, hatten in den Wochen zuvor mit Hilfe der einheimischen Bevölkerung und ausländischer Zwangsarbeiter, die sie zu Schanzarbeiten trieben, Abwehrstellungen in den Hügeln über dem breiten Stremtal eingerichtet. Von diesen Stellungen aus beschossen sie die anrückenden Russen.

Die russischen Truppen, Angehörige der 3. ukrainischen

Front, kamen aus Richtung Olbendorf über die so genannten »Waldäcker«, in dichten Schwarmlinien, von den Anhöhen sahen sie in ihren braungrünen Uniformen aus wie Ameisen, erinnert sich Franz Schmaldienst. Um Bocksdorf wurde heftig gekämpft. Die ersten Häuser des Ortes gerieten durch Granatfeuer der Deutschen in Brand, wenig später standen die Häuser an der Pfarrhoffront in Flammen, insgesamt wurden siebzehn Häuser völlig eingeäschert, bei vielen anderen wurden die Wirtschaftsgebäude vernichtet. Die Häuser waren noch alle mit Stroh gedeckt, die meisten aus Lehm gesatzt, wie man das nennt, die brannten wie Zunder.

Kurz bevor die ersten Russen nach verlustreichen Kämpfen bei den Berghäusern eintrafen, saß Franz Schmaldienst auf der Stiege vor dem Keller und las ein Landserheft. »Landserhefte waren meine Leidenschaft«, erinnert er sich. Im Keller war es finster, dort gab es kein elektrisches Licht, daher setzte er sich zum Lesen auf die Stiege. Als ein Erwachsener sah, was der Vierzehnjährige las, rief er entsetzt: »Schmeiß das auf der Stelle weg, wenn die Russen das sehen!«

Eine Stunde später waren sie da, sie polterten in schweren Stiefeln die Treppe hinunter, stießen die Tür auf und leuchteten mit Taschenlampen in den Kellerraum.

»Germanski soldat?«

Die verängstigten Leute verneinten. Die Russen musterten die Anwesenden scharf, viele deutsche Soldaten hatten sich Zivilkleidung besorgt. Als die Russen keinen sahen, den sie nach Alter und Aussehen für einen deutschen Landser hielten, zogen sie ab. Unter den ersten Kampftruppen waren auch Frauen.

»Von der Anhöhe aus sahen wir das Dorf lichterloh

brennen, erst drei Tage später trauten wir uns hinunter«, erzählt Franz Schmaldienst. »Unser Haus war als eines der wenigen unbeschädigt, die Gebäude links und rechts davon waren nur mehr rauchende Ruinen. Wir warfen einen Blick in den Hof, alles war voller Russen, in der Küche hatten wir ein Sofa, auf dem lagen sie mit dreckigen Stiefeln.«

Das Haus, das ich vor vielen Jahren gekauft habe, liegt auch auf der Anhöhe und hat auch einen Keller, einen Erdkeller. In diesem fand in den heiß umkämpften Apriltagen Franz Pieber mit seiner Mutter und anderen Verwandten Unterschlupf. Er war damals elf Jahre alt. Als er die ersten Russen zu Gesicht bekam, begann er zu weinen. Ein blutjunger Soldat sah den schluchzenden Buben und fragte ihn mitleidig in gebrochenem Deutsch, wie er heiße.

»Franz.«

Lachend deutete der Soldat auf sich und sagte, um den Buben aufzuheitern: »Ich auch Franz.«

Pieber weiß noch heute, dass es wirkte.

Zu Kindern waren die Russen stets freundlich, das ist in der kollektiven Erinnerung fest verankert. Überhaupt benahmen sich die ersten Soldaten, die mit der heimischen Bevölkerung in Berührung kamen, nach übereinstimmender Meinung von Zeitzeugen recht anständig. Erst mit den nachfolgenden Truppen, dem Nachschub, dem Tross, kam der Schrecken über die Dörfer, Plünderungen, willkürliche Erschießungen, Vergewaltigungen, viele junge Frauen versteckten sich tagelang in den Wäldern.

Die Kämpfe um Bocksdorf waren für beide Seiten verlustreich. Laut einem Bericht über die Kriegsereignisse 1945, verfasst im Auftrag der burgenländischen Landesregierung im Jahre 1961 von der Gemeinde Bocksdorf, sind bei den Kampfhandlungen 25 Russen, unter ihnen ein General, und 22 deutsche Soldaten gefallen. Unter der Zivilbevölkerung gab es nach diesem Bericht, der nicht bloß die direkten Kampfhandlungen, sondern auch die erste Zeit danach erfasst, keine Todesopfer, nur Verletzte.

Warum Stanisław Grzanka und Stanisław Mędrek in diesem Bericht keine Erwähnung fanden, ist nicht nachzuvollziehen. Schließlich wurden sie in Bocksdorf erschossen und liegen dort in einem »Kriegsgrab«. Pfarrer Erich Iby zeigte mir die Eintragung im Totenbuch. Grzanka Stanisław, ledig, geb. 31.11.1925, sowie Mendrek Stanisław (der Schreiber orientierte sich nach der Aussprache, der polnische Nasallaut ę war ihm offenbar nicht geläufig), ledig, geb. 24.4.1927. Tod durch Erschießen. Zeit des Sterbens: 24. April 1945. Sein 18. Geburtstag.

Zwölf Tage nach Eintreffen der Front. Erschossen durch die Russen.

Darin stimmen alle überein, die sich an jene Ereignisse erinnern können. Warum die beiden Polen erschossen wurden, vermag keiner zu sagen.

Franz Schmaldienst: »Als die Russen kamen, fingen sie alle ausländischen Arbeitskräfte zusammen und brachten sie in ein Lager in Moschendorf, dort waren zeitweise ein paar tausend, die auf den Heimtransport warteten. Die zwei Polen waren auch schon in Moschendorf, aber sie hatten offenbar Angst vor den Russen, sie wollten nicht dort bleiben und sind wieder zurückgekommen. Vielleicht hat man sie deshalb erschossen? Wahrscheinlich haben sie einfach Pech gehabt, dass sie einem ›Scharfen‹ in die Hände fielen.«

Fritz Murlasits: »Warum die Polen erschossen wurden, kann ich nicht sagen, vielleicht waren sie zu freundlich zu uns, ich glaube, Stanislaus hat protestiert, als die Russen eine Kuh und die Kalbin aus dem Stall treiben wollten, er hat sich die ganze Zeit um die Tiere gekümmert und sie wie seine eigenen betrachtet. Vielleicht wollte er auch meine Mutter vor den Soldaten in Schutz nehmen. Die Russen haben die zwei Polen im Haus von Potzmann eingesperrt, sie hätten problemlos entkommen können, aber sie waren sich keiner Schuld bewusst, sie haben nicht damit gerechnet, erschossen zu werden, und als sie kamen, um sie zu holen, war es zu spät. Sie haben sich so gefreut, als die Russen kamen, dass sie wieder frei sind und nach Hause zurückkehren können. Und dann das.«

Fritz Murlasits musste kurz nach Kriegsende für die Russen Kühe nach Ungarn treiben, den Namen der ungarischen Ortschaft hat er vergessen. Sie waren mehrere Treiber, alles junge burgenländische Burschen wie er, es war eine große Herde, die Russen konfiszierten auf jedem Hof Vieh. Zwei Wochen waren sie unterwegs, erzählt Murlasits, zu essen hatten sie nur, was sie von zu Hause mitgenommen hatten, das reichte nicht lang, dann mussten sie etwas erbetteln oder sich von den Feldern holen.

Gertrude Orsolits weiß auch nicht, warum die Polen erschossen wurden. Die Großmutter habe noch versucht, Stanisław Mędrek zu warnen. »Stanl, hat sie gesagt, versteckt euch, lauft fort, die werden euch noch erschießen. Und sie hat ihnen Mehl mitgegeben und Schmalz, damit sie sich versorgen können. Sie waren eine Zeitlang fort, sind jedoch wieder zurückgekommen. Dann wurden sie eingesperrt, in einem Nachbarhaus. Beim Potzmann. Als die Russen sie wegführten, sagte Stanl noch zur Großmutter: Mama, das ist das Letzte.«

84

Mein Nachbar Josef Gröller zeigt mir die Stelle, wo Mędrek und Grzanka erschossen wurden. Der hochgewachsene, hagere Mann ist trotz seiner achtzig Jahre immer noch rührig, er ist Gemeindekassier, geht auf die Jagd, tischlert. Wir gehen von seinem Haus am Zickenberg hinunter in Richtung Bocksdorf. Früher, als es noch keine asphaltierten Güterwege gab, gingen die Bergler, die Bewohner der Berghäuser, auf diesem Fußweg ins Dorf. Der Pfad führt durch den Leitenwald. Ein lichter Buchenwald, vereinzelt Fichten und Föhren. Auf dem Boden eine dicke Schicht Laub. Bei einer sanften Mulde rechts vom Weg bleibt Josef Gröller stehen. Hier wurden die beiden erschossen. Sie mussten selber die Grube ausheben, in die wurden sie hineingeschossen, sagt Josef Gröller.

»Dann haben sie sie hebräisch eingegraben, wie man sagt, einfach verscharrt, die Füße haben noch herausgeschaut aus dem Laub.«

Wenn die Leute ins Dorf gingen, sahen sie die Füße aus dem Boden ragen, später auch einen Schädel. Dann grub man sie aus und setzte sie am Dorffriedhof bei.

Selber gesehen hat Gröller die Leichen nicht, er war bei Kriegsende in französischer Gefangenschaft. Daran hat er schlimme Erinnerungen, an das schlechte Essen, an die schlechte Behandlung. Die Geschichte von den erschossenen Polen hat er von den Großeltern gehört. Warum die Polen erschossen wurden, wussten sie auch nicht.

Im Jahre 1989 bekam Fritz Murlasits überraschend Besuch aus Polen. Die Schwester von Stanisław Grzanka, Aniela. Sie kam mit Bekannten, die ein Auto besaßen. Der alte Mann gibt mir ein Bild der Schwester, das damals in der Wohnküche der Murlasits aufgenommen wurde. Aniela

Grzanka sitzt zur Rechten des Hausherrn, zu seiner Linken seine Frau, die vor ein paar Jahren bei einem Verkehrsunfall ums Leben gekommen ist, daneben die Bekannten Aniela Grzankas, ein jüngerer Mann, ein kleiner Bub, eine Frau, ihre Namen hat niemand notiert. Aniela Grzanka hat ein breites, bäuerliches Gesicht. Der Tisch ist vollgeräumt mit Tassen, Gläsern und Flaschen, Kaffee, Bier, Schnaps, im Südburgenland ist man sehr gastfreundlich.

Aniela Grzanka besuchte auch die Familie Orsolits, mit der sie seit Jahren Briefe gewechselt hatte. Nach dem Tod der Mutter hielt Gertrude Orsolits die Korrespondenz aufrecht.

Sie zeigt mir eine Weihnachtskarte, najlepsze życzenia świąteczne, Aniela Grzanka, dann die Adresse, in etwas ungelenker Schrift: ul. Legionów, 32–313 Bydlin.

Warum man den Bruder erschossen habe, fragte Aniela Grzanka die Leute in Bocksdorf, mit denen sie sich nur mühsam verständigen konnte. Keiner wusste eine Antwort.

(2007)

# Zigeunerangelegenheit III

Seit Kriegsende wurden in Loipersdorf insgesamt 27 neue Einfamilienhäuser auf den von der Gemeinde zu günstigen Preisen beigestellten Bauplätzen errichtet.

Nicht unerwähnt soll in diesem Bericht die Zigeunerangelegenheit bleiben. Vor 1938 waren in Loipersdorf 115 Zigeuner wohnhaft, die in den Jahren 1939 bis 1942/43 nach versch. Konzentrationslagern abtransportiert und dort ums Leben kamen. Gegenwärtig sind in Loipersdorf nur 5 Zigeuner ansässig; in Linz/Donau und St. Margarethen/Bgld. wohnen noch einige Familien.

Auf dem Kriegerdenkmal sind neben den Gefallenen des 1. Weltkrieges nunmehr 37 Gefallene des 2. Weltkrieges verzeichnet.

[...]

Loipersdorf i.B., am 1. Dez. 1957

Der Bürgermeister

*Quelle:* »Bericht über die Ereignisse 1945 bis 1956 in der Gemeinde Loipersdorf i.B.«, erstellt für die Bezirkshauptmannschaft Oberwart.

# Die verschwundenen Juden
## von Prokurava

Das Gras zwischen den dunklen Steinen ist lange nicht mehr gemäht worden, so dass die Schritte in der Wiese sanft eingedrückte Spuren hinterlassen, die sich bald wieder schließen. Die Grabsteine stehen achtlos über die Wiese verstreut wie Dominosteine nach einem abrupt unterbrochenen Spiel, nach vorn und hinten gebeugt, einige lehnen sich aneinander, als seien sie schon zu alt und zu müde, um von alleine zu stehen, andere sind längst umgestürzt, so dass die verwitterten Inschriften und Symbole von Namen und Berufen – zwei Hände, ein Fisch, ein Vogel (ein Rabe?), ein aufgeschlagenes Buch – in den Himmel hinaufschauen, manche sind so tief eingesunken, dass sie nur mehr eine Handbreit aus dem Boden ragen. An vornüber gebeugten Steinen, deren Schräge sie vor der zerstörerischen Wirkung von Schnee und Regen bewahrt, sieht man, dass viele früher einmal bemalt waren – es sind noch Spuren von blauer Farbe zu erkennen. Ein leichter Sommerregen wischt behutsam über die Steinrücken. Die Wiese mit dem alten jüdischen Friedhof von Jabluniv liegt am Rande des Dorfes, nur wenige Schritte von der Landstraße, die von Kolomyja in steilen Windungen über die bewaldeten Kuppen der ukrainischen Ostkarpaten nach Kosiv führt.

Von einem nahen Bauernhaus klingt wütendes Hundegebell herüber. Eine alte Frau tritt aus dem niedrigen Stall, um nach dem Rechten zu sehen. Die Grußformeln in dieser entlegenen Gegend scheinen sich seit Jahrhunderten nicht verändert zu haben:

– Slawa Isusu Christu! (Gelobt sei Jesus Christus) – Slawa na wiki wikow! (Gelobt für ewige Zeiten!)

Die Bäuerin klagt, dass auf der Friedhofswiese, die zu ihrem Hof gehört und deren Gras sie für ihre beiden Kühe benötigt, keiner mähen will, weil an den Steinen jede Sense kaputt geht. Und wo bekommt man dann eine neue her? Wo heute alles knapp ist in der Ukraine? Doch die Steine ausgraben und wegschaffen, das darf man auch nicht, das haben die Behörden bei Strafe untersagt, und daran denkt ja auch keiner, denn immerhin ist das doch ein Friedhof, auch wenn hier seit langem keiner mehr begraben wurde. Manchmal kommen Fremde, um den Ort zu besuchen. Vor ein paar Monaten waren Juden da, mit langen schwarzen Mänteln, Hüten und Bärten.

– Chassiden?

Sie zuckt die Achseln. Sie weiß nur, dass sie Juden waren, das haben sie selber gesagt. Der Älteste hat Ukrainisch gesprochen. Sie sind im Gras herumgestampft und haben etwas gesucht, haben versucht, auf den Steinen etwas zu entziffern, offenbar konnten sie die fremde Schrift lesen. Einer hat ihr etwas Geld gegeben, damit sie ihnen Wasser brachte, weil sie durstig waren von der Reise. Nach einer Stunde sind sie wieder gefahren. Den Wagen hatten sie dort drüben abgestellt, bei der Bushaltestelle, der Chauffeur ist gar nicht erst ausgestiegen, er war wohl ein Hiesiger.

An der Bushaltestelle stehen drei Frauen im Regen. Als Schutz haben sie Plastiktischtücher über den Kopf gezogen, die ihnen bis zu den Knien reichen. Zwei haben sich in karierte Tischtücher gehüllt, die dritte in eines mit buntem Blumenmuster. Regenmäntel sind ein Luxus in der Ukraine, den sich nicht jeder leisten kann. Die Frauen schauen neugierig zu den Fremden hinüber.

– Slawa Isusu Christu!

– Slawa!

Ob es hier in der Gegend noch Juden gibt? Sie schauen einander fragend an, dann schütteln sie die Köpfe. Die Frauen sind bloßfüßig, ihre Schuhe halten sie in den Händen, die ziehen sie erst an, wenn sie einen Laden, ein Amtsgebäude oder die Kirche betreten. Schuhwerk ist offenbar ein Luxus.

– Juden? Früher wohnten hier überall Juden.

Bogdan Bojtschuk beschreibt mit der Hand einen weiten Kreis, der die Häuser entlang der Straße in Prokurava einschließt. Den Weiler Prokurava erreicht man, wenn man bei Pistyn die Landstraße nach Kosiv verlässt und auf einem elenden, von tiefen Schlaglöchern und Rinnen übersäten Fahrweg dem Lauf des Gebirgsflüsschens Pistynka aufwärts folgt. Die Häuser entlang des Weges sind reich verziert, bunte Mosaikstreifen aus Glas und Fliesen, kunstvolle Schnitzarbeiten, die Dächer mit hellem Blech beschlagen, das auch die obere Fassade bedeckt, so dass die Häuser aussehen wie riesige, halb in Stanniolpapier gewickelte Bonbonwürfel. In den Gebirgsdörfern am Oberlauf von Prut und Tscheremosch leben heute fast ausschließlich Huzulen, ein ukrainischer Volksstamm, berühmt für seine ornamentfreudige Volkskunst. Bis zum Zweiten Weltkrieg war die Region ein Zentrum des chassidischen Ostjudentums.

Der Huzule Bogdan Bojtschuk ist 66 Jahre alt, er hat seine jüdischen Nachbarn deutlich in Erinnerung bewahrt. Dort drüben stand die Hütte von Meschilem, daneben die von Chaskel, weiter unten wohnte Schmul, über dem Flüsschen Berl. Bojtschuk nennt nur die Vornamen der Juden, ihre Familiennamen hat damals wohl keiner gekannt, außer der Vertreter der Staatsmacht, der *posterun-kowy* (Wachmann), wie er den Gesetzeshüter polnisch nennt. Von 1918 bis 1939 gehörte das Gebiet zu Polen. Damals habe noch Ordnung geherrscht in Prokurava, erinnert sich Bojtschuk. Wenn der Polizist in der sauber gebürsteten Uniform durchs Dorf schritt, wurde er ehrerbietig gegrüßt. Heute ist alles auf den Kopf gestellt. Die Huzulen vergessen die alte Lebensart, sogar das Vieh zeigt sich widerspenstig. Erst vor wenigen Tagen ist Bojtschuks einzige Kuh von der eingezäunten Weide auf die Straße gelaufen, was den ordnungsliebenden Huzulen so erzürnte, dass er das Rindvieh für drei Tage in eine Hütte sperrte zur *schtraf*, wie er sagt, ein Lehnwort aus habsburgischer Vergangenheit. Dass sie in dieser Zeit, in Ermangelung der frischen Weide, weniger Milch gab, nahm er in Kauf. Das hätte es früher nicht gegeben, als Meschilem noch seine Kilims herstellte, jene bunten Wollteppiche, die fürs Huzulenland typisch sind. Er hatte einen einfachen Webstuhl in seiner engen Hütte, auf dem er Tag und Nacht mit Frau und Kindern arbeitete, um alle satt zu bekommen. Sie waren fleißige Leute, die Juden von Prokurava. An zwei Töchter Meschilems erinnert sich Bojtschuk besonders gut, weil sie so lustige Namen trugen: Machli und Wachli – vielleicht wurden sie auch nur von ihren Eltern so gerufen, jedenfalls hat das ganze Dorf sie so gekannt. Sie sind oft zu seinen Eltern gekommen, um Milch oder Schafkäse zu holen. Chaskel hatte ebenfalls zwei Töchter, Sura und Tauba, und einen Sohn, Schmul. Als dieser heiratete, besaß er anfangs kein eigenes Haus, da wohnte er mit seiner jungen Frau bei Bojtschuks Eltern, die genug Platz hatten. Die Juden waren meist Handwerker, Schuster, Schneider, Teppichweber, Tischler, manche besaßen auch Wald, Weideland und Vieh, das sie, wie die Huzulen, im Sommer auf die Hochalmen trieben.

Vor Bojtschuks Haus ist eine unscheinbare Erhebung, auf der er Kartoffeln und Knoblauch anbaut. An dieser Stelle stand einst eine jüdische Schenke, die Jantscho gehörte. An die ebenerdige Gastwirtschaft erinnern nur mehr die überwachsenen Fundamente und ein mit Steinplatten ausgekleidetes Loch in der niedrigen Böschung, eine ehemalige Fensterluke in den längst zugeschütteten Keller. Jantscho schenkte Bier und billigen Wein aus, vor allem aber Schnaps, *horilka*, den nannten sie *schabasilka*, weil die Juden ihn am Schabbes tranken. Auch die Juden tranken *horilka*, doch mit Verstand und Maß, sagt Bojtschuk. Überhaupt wurde damals weniger getrunken als heute. Wenn drei in Jantschos Schenke zusammensaßen, bestellten sie vielleicht 250 Gramm Schnaps, dann sagten die Leute schon, das sind aber Säufer. Heute schüttet einer allein 500 Gramm und noch mehr in sich hinein, und keiner findet das bemerkenswert.

Im September 1939 wurde Polen zerschlagen. Auf den engen Straßen der Ostkarpaten drängten sich die Flüchtlinge, um die nahen Grenzen zu Ungarn und Rumänien zu erreichen. Statt der mit Bangen erwarteten Deutschen kamen zunächst die Sowjets. Die Huzulen, traditionell von Holzwirtschaft und Viehzucht lebend, empfanden wenig Sympathie für die neue, von den Kommunisten eingeführte Ordnung. Wer wurde denn damals schon Kommunist?, fragt Bojtschuk verächtlich: Ein paar arbeitsscheue Huzulen, die gern beim Schnaps oder Bier saßen und dem lieben Herrgott den Tag stahlen. Die führten plötzlich das große Wort. Doch die russische Zeit war nicht von langer Dauer. Im Juni 1941 kamen die Deutschen und ihre Verbündeten, die Ungarn, ins Land, und für die Juden brachen bittere Zeiten an, sie wurden behandelt wie Vieh und noch schlimmer. Viele versteckten sich in den umliegenden Wäldern, um abzuwarten, ob die Zeiten sich vielleicht wieder beruhigten und die Peiniger abzogen. Sie zogen nicht ab. Bojtschuk erinnert sich, wie er damals mit anderen zur Heumahd ging. Da saßen ihre Juden, Jantscho, Meschilem, Chaskel und andere mit ihren Familien am Waldrand im hohen Gras versteckt und baten um etwas zu essen. Sie brachten ihnen etwas, obwohl das gefährlich war. Wer Juden versteckte oder ihnen sonstwie Hilfe leistete, konnte selber mit dem Tod bestraft werden. Nach ein paar Tagen waren die Juden von Prokurava verschwunden.

Nicht alle Ukrainer haben ihren jüdischen Nachbarn geholfen. Jehoschua Gertner, einer der wenigen Überlebenden aus dem nahen Städtchen Kosiv, der eine Geschichte des Untergangs von Kosiv verfasste, erinnert an von Huzulen veranstaltete Massaker, etwa in Jablunycja am Schwarzen Tscheremosch, wo sie die Juden in den reißenden Gebirgsbach warfen und ertränkten. Auch in anderen Dörfern kamen die Einheimischen den Deutschen und der ukrainischen Miliz oft zuvor. Manche griechisch-katholische Pfarrer predigten in den Kirchen, das nun über die Juden gekommene Unglück sei die Strafe Gottes dafür, dass sie seinen Sohn zu Tode gequält hätten. Gott habe sich gegen das Volk der Juden gewandt, es sei daher gottgefällig, bei ihrer Vernichtung mit Hand anzulegen. Doch Jehoschua Gertner nennt auch Huzulen, die ihren jüdischen Nachbarn Hilfe leisteten und sie versteckten, ohne die Gefahr zu achten, in die sie sich damit selber begaben. Was aus den Juden von Prokurava geworden ist, ob einer von ihnen überlebt hat, kann Bojtschuk nicht sagen.

1951 haben die Kommunisten in Prokurava und vielen umliegenden Dörfern die meisten Häuser abgerissen oder niedergebrannt und die Bewohner umgesiedelt – in die Gegend von Odessa. Dort wurden angeblich Menschen gebraucht. In Wahrheit ging es eher darum, den ukrainischen Nationalisten der UPA, der Ukrainischen Aufständischen Armee, die bis in die fünfziger Jahre im unwegsamen Gelände der Waldkarpaten einen Partisanenkrieg gegen die Kommunisten führten, die Basis zu entziehen. Auch Jantschos Schenke wurde damals niedergebrannt. Erst Mitte der fünfziger Jahre durften die meisten Huzulen wieder in ihre Heimat zurückkehren, unter ihnen auch Bojtschuks Familie. Aber nicht auf ihr altes Grundstück, das nach Meinung der Kommunisten zu nahe am Wald lag, der als Heimat der Partisanen galt, die daher auch Waldmenschen genannt wurden. Den Bojtschuks wurde das Grundstück neben der Straße zugewiesen, auf dem die Brandruine von Jantschos Schenke stand.

In der Ukraine gehen bis heute Legenden um von Gold und anderen Schätzen, welche die Juden vergruben, ehe sie erschossen oder in die Vernichtungslager geschickt wurden. Der Schankwirt Jantscho freilich war arm und besaß kein Gold. Doch er vertraute den Bojtschuks an, er habe im Keller ein Fass Wein versteckt, das wolle er nach seiner Rückkehr ausgraben. Jantscho kam nicht zurück. Auch nicht Meschilem, Machli und Wachli, Sura, Tauba oder Chaskel, kein einziger Jude aus Prokurava. Als Bojtschuk 1956 heiratete, machte er sich auf die Suche nach dem versteckten Wein. Und er wurde im eingestürzten Keller tatsächlich fündig. Der Wein war dickflüssig wie Molasse und ziemlich sauer, erinnert er sich, vielleicht eine Folge des Feuers, das Jantschos Schenke eingeäschert hatte. Doch der Wein hatte immer noch eine kräftige Farbe, und versetzt mit Zucker und Wasser wurde er sogar wieder trinkbar, wie die Hochzeitsgäste dankbar vermerkten.

Außer der unscheinbaren Erhebung vor Bojtschuks Haus und der Erzählung von dem aus der Erde geborgenen Wein erinnert in Prokurava nichts an den jüdischen Schankwirt Jantscho, ebensowenig an Meschilem den Kilimweber, an Chaskel, Schmul und ihre zahlreichen Angehörigen. *(1998)*

# Zigeunerangelegenheit IV

Als um die Jahreswende 1944/45 das proklamierte 1000-jährige Reich in sieben Jahren zusammenzubrechen drohte, hätte kein Mensch daran gedacht, dass dieser schrecklichste aller Kriege gerade in unserer engeren Heimat und hier wieder ganz besonders im Lafnitztal sein Ende finden werde.

[…]

Nicht unerwähnt soll in diesem Bericht die Zigeunerangelegenheit bleiben. Neustift hatte vor 1938 über 300 Zigeuner, die während der ns. Herrschaft meistens aus rass. Gründen aber auch aus asozialen Motiven in verschiedene Konzentrationslager gebracht und dort zum Großteil vernichtet wurden. Nach dem Zusammenbruch kehrten meistens jüngere Zigeuner und einige Frauen nach Neustift a.d.L. zurück, die alle untergebracht werden mussten, weil ihre Behausungen zerstört wurden. In einigen Rückstellungsverfahren wurden die Ansprüche auf Errichtung von Wohnhäusern durch die Gemeinde von der Rückstellungskommission zurückgewiesen. Trotzdem hat die Gemeinde im Jahre 1949 insgesamt 8 Baracken mit einem Kostenaufwand von 8.000,– S aus eigenen Mitteln herstellen und in diesen Baracken etwa 40 Zigeuner unterbringen lassen.

[…]

Das Kriegerdenkmal weist 31 Gefallene des 2. Weltkrieges auf.

Neustift a.d.L., am 1. Dez. 1957

Der Bürgermeister

*Quelle:* »Bericht über die Ereignisse 1945 bis 1956 in der Gemeinde Neustift a. d. L.«, erstellt für die Bezirkshauptmannschaft Oberwart.

# Der letzte Jude von Borschtschiv

Den Namen Rudolf hat sein Vater aus Wien mitgebracht, er hat dort studiert, Pharmazie. Viele galizische Juden gingen zum Studium nach Wien, solche, deren Familie sich das leisten konnte, andere fuhren nach Lemberg, Czernowitz oder Krakau, nach Czernowitz hatten sie es von Borschtschiv am nächsten. Rudolf hieß der kaiserliche Thronfolger mit den traurigen Augen, der sich angeblich wegen einer unglücklichen Affäre das Leben nahm, gemeinsam mit seiner Geliebten, wie die Zeitungen schrieben. In Galizien ging das Gerücht um, der Sohn des alten Kaisers sei gar nicht tot, es handle sich um eine Intrige, ein abgekartetes Spiel, man habe eine Wachspuppe in den Sarg gelegt, dem Kaisersohn zum Verwechseln ähnlich, und diese begraben. Der Thronfolger sei vom gestrengen Vater wegen seines Lebenswandels aus Österreich verbannt und nach Brasilien geschickt worden, wo er selber zum Kaiser gemacht wurde, weil man dort gerade einen brauchte. Da das ferne Reich groß war und dünn besiedelt, habe Rudolf seine treuesten Anhänger, die Ruthenen, wie man im Habsburgerreich die Ukrainer nannte, aufgefordert, ihm nach Brasilien zu folgen, wo sie Ackerland bekämen, so viel sie wollten. Die Eltern von Rudolf Schwarz taten diese Geschichten als Ammenmärchen ab, benannten jedoch ihren Sohn nach dem unglücklichen Thronfolger.

»Ich bekam den Namen eines kaiserlichen Selbstmörders«, sagt Schwarz lachend. Er sitzt mit nacktem Oberkörper am Tisch seines Wohnzimmers, eine heiße Brise weht durchs Fenster und bauscht die verschossenen gelben

Vorhänge, die Ukraine erlebt den wärmsten Juni seit Jahren. Auf dem Tisch liegt eine gestickte Decke mit Kaffeeflecken. Trotz seiner achtzig Jahre wirkt mein Gegenüber kräftig, massig, die Brust breit, die faltige Haut bedeckt von gekräuselten Haaren, zwischen denen Schweißtropfen glänzen. Er trägt eine ausgebeulte schmutzige Trainingshose, an den nackten Füßen Plastiksandalen.

Die Straße zum Haus von Rudolf Schwarz war übersät mit tiefen Schlaglöchern, so dass Ihors rostiger Lada bedenklich ins Schlingern geriet wie ein leichter Kahn in rollender Dünung. In den Vorgärten standen Kartoffeln, Rüben, Zwiebeln bis dicht an die Häuser, dazwischen vereinzelt Blumenrabatten und Gruppen hoher Sonnenblumen mit schweren Köpfen. In der Ukraine wird jede Handbreit des Bodens genützt, um in eigener Initiative die Versorgung mit Nahrungsmitteln aufzubessern.

»*Kartoschka*«, sagte Ihor, »Kartoffeln sind unser Brot, wer keinen eigenen Garten besitzt, der kann verrecken.« In früheren Jahren, unter den Kommunisten, war das Brot in der Ukraine so billig, dass die Leute damit Kühe, Schweine und Pferde gefüttert haben, die Zeiten sind vorbei, heute leben viele nicht besser als damals das Vieh, manche sogar noch schlechter.

Ihor spuckte die Schalen von Sonnenblumenkernen aus dem offenen Autofenster, er führte die Kerne mit einer Hand zum Mund, während er mit der anderen das Lenkrad umfasste und mit heftigen Drehbewegungen versuchte, seinen Lada zwischen den tiefen Löchern durchzukutschieren.

Neben dem Wohnzimmertisch hat Rudolf Schwarz einen alten Pappkoffer ohne Deckel stehen, in dem piepsende Küken wuseln. Über dem offenen Koffer liegen zwei Roste von einem Backrohr oder einem ausgedienten Kühlschrank, damit die gefiederten Bälle nicht aus ihrem Gefängnis entspringen können.

Im Garten hinter dem Haus baut er mit seiner Frau alles an, was sie brauchen, Kartoffeln, Zwiebeln, Rüben, *bób*, Pferdebohnen, Erbsen, ein wenig Salat, *pomidory*, Paradeiser ... Ohne eigenes Gemüse kämen sie nicht zurecht, zwar bekommt man heute in der Ukraine alles zu kaufen, Importwaren, bunte Verpackungen, fremde Namen, aber wer kann sich das leisten? Nur die Macher, die Gangster, die Politiker, die sich wieder, so wie früher, schamlos die Taschen füllen.

Rudolf Schwarz macht eine wegwerfende Handbewegung und reibt sich über die behaarte Brust. Seine Frau geht mit gesenktem Blick durchs Zimmer, ihre nackten Füße tappen leise über die braun lackierten Bretter. Sie ist keine Jüdin, sondern eine *Moskalka*, eine Russin, die er von drüben mitgebracht hat, aus Russland, aber sie hat sich gut eingelebt hier, sagt er anerkennend, während sie sich an einem Schrank zu schaffen macht. Sie legt ein sauberes Tischtuch auf. Wir unterhalten uns polnisch. Sein Wortschatz ist altmodisch, manchmal muss er nach einem Begriff suchen, mit der Frau spricht er Russisch. Durch die offene Tür sieht man ins Schlafzimmer, neben dem ungemachten Ehebett stapeln sich große, prall gefüllte Jutesäcke.

»Mehl, Zucker, Kascha«, Mais, sagt Rudolf Schwarz stolz. Auf dem obersten Sack lauert, aufgespannt, eine rostige Mausefalle.

Auf der Fahrt von Lemberg kamen wir durch weite, fruchtbare Felder, sanft gewellt bis zum Horizont, hier und da kleine Waldstücke, Dörfer, Kolchosensiedlungen. Das Wappen von Borschtschiv zeigt ein halbkreisförmiges Bündel schwerer Kornähren, Symbol einstigen landwirtschaftlichen Überflusses. Borschtschiv, polnisch Borszczów, jiddisch Bortschow, liegt in der podolischen Hochebene in der westlichen Ukraine, am linken Ufer des Flüsschens Nitschlawa, eines Zubringers des Dnjistr. Podolien war schon immer eine Kornkammer, zuerst der polnisch-litauischen Adelsrepublik, dann der habsburgischen Doppelmonarchie und schließlich des wiedererstandenen polnischen Staates. 1939 setzte der Niedergang ein. Er begann mit den Sowjets, dann kamen die Hitlerdeutschen, schließlich wieder die Sowjets. Der Großgrundbesitz wurde enteignet, viele Gutsherren, meist polnische Adelige, wurden zu den »weißen Bären« geschickt, wie man die sibirische Eiswüste nannte, aus der nur ein paar Glückliche zurückkehrten, die deutschen Besatzer pressten aus dem Land, was sie nur konnten, die sowjetische Kollektivierung nach 1945 besorgte den Rest. Von all diesen Katastrophen erholt sich das Land nur langsam.

Rudolf Schwarz und seine Frau, er nennt sie immer nur seine Frau, sagt nie ihren Namen, halten Hühner, Hasen, Bienen, einen Teil der Produkte essen sie selber, das meiste verkaufen oder tauschen sie. Die Tochter, sie wohnt in der Nähe, verdient so wenig, dass es nicht zum Leben reicht, ihr Mann ist seit Jahren arbeitslos. Was würden sie ohne Garten anfangen? Verhungern müssten sie. Elend krepieren.

Der alte Mann erhebt sich schwer atmend und geht mit schlurfenden Schritten zu einer Rundbaukredenz, auf der, neben einem großen Fernseher der Marke »Kiew«, eine Plastikschüssel mit Futter für die Küken steht. Er streut geschrotete Maiskörner in den Koffer. Das Piepsen schwillt zu einem durchdringenden Ton an, man hört die winzigen Klauen hastig über den Kofferboden scharren. Rudolf Schwarz macht sich nichts aus Hühnerfleisch, aber er hat jemanden, den er aufziehen kann, das bereitet ihm Freude.

Er lächelt zärtlich auf seine Schützlinge hinab. Auf dem rechten Auge ist er halb blind. Manchmal spricht er mit den Küken, erzählt ihnen, was ihm durch den Kopf geht. Erinnerungen. An frühere, bessere Zeiten. Seine Frau sagt, manchmal singe er ihnen etwas vor, dabei könne er gar nicht singen.

Sein Vater besaß vor dem großen Krieg eine Apotheke in Borschtschiv, er war ein angesehener Mann, zu dem die Menschen mit allen möglichen Sorgen und Anliegen kamen, mit Krankheiten, Amtsschreiben, um kleine Darlehen, er hatte offene Taschen und unterstützte, wen er nur konnte. Juden, Ukrainer, Polen, er machte keinen Unterschied. Die Juden gingen entweder zum Rabbi, um sich Rat zu holen, oder zum Apotheker. Obwohl sie wussten, dass er ein Ungläubiger war. Nur ein paar wirklich Fromme, Chassidim, mit Kaftan und langen Pejes, spuckten vor dem Vater aus, wenn sie ihm auf der Straße begegneten. Der Vater hatte eigene Ansichten über das Judentum, die durfte er nur zu Hause äußern, er sagte, es wäre das Beste, das Judentum abzuschaffen, denn die Juden seien eine Nation, die das Unglück anziehe wie das Wasser den Blitz. Und er hat schließlich Recht behalten. Allerdings auf eine Weise, die er selber nicht für möglich gehalten hätte. Die Deutschen verehrte er stets als große Kulturnation, er las Goethe und Schiller im Original und abonnierte die Wiener *Neue Freie*

*Presse*, wenn er sie abends las, mussten sich die Kinder still verhalten. Rudolf Schwarz selber glaubt auch nicht an den Gott seines Volkes, er glaubt an gar keinen Gott, an keine heiligen Bücher. Das sind nur Geschichten, mit denen man den Leuten Angst einjagen will, damit sie sich nicht auflehnen gegen ihr Schicksal. Schwarz hat sich nie an die Regeln der jüdischen Religion gehalten, koscher essen, milchiges und fleischiges Geschirr, jeden Tag beten, am Schabbes und den jüdischen Feiertagen in die Schul. Er geht auch bei jedem Wetter ohne *czapka*, ohne Mütze, aus dem Haus, obwohl sich das nicht geziemt für einen richtigen Juden. Nur wenn ein eisiger Wind pfeift, zwingt ihn die Frau, die Pelzmütze aufzusetzen. Schon als Junge ging er meist ohne *czapka*.

»Einmal, es war Schabbes, gehe ich über den Ringplatz, wie immer ohne *czapka*, da kommt mir der Rabbi entgegen, hält mich an und fragt streng: Warum gehst du ohne Mütze, wie ein Goj?

Darauf ich, trotzig: Warum soll ich eine Mütze tragen, was hab ich davon?

Der Rabbi schaut mich verblüfft an, er hat offenbar nicht erwartet, von einem Bürschchen wie mir so eine Frechheit zu hören, immerhin ist er jemand in Borschtschiv, eine Respektsperson, geachtet auch von Polen und Ukrainern. Er denkt einen Augenblick nach, dann sagt er: Wenn Gott dich ohne Mütze sieht, packt ihn der heilige Zorn und er wirft Steine vom Himmel, dir auf den Kopf.

Da bekomme ich es mit der Angst zu tun und laufe nach Hause so schnell mich die Füße tragen, dicht an den Hausmauern entlang, damit mich Gott mit den Steinen nicht erwischen kann. Zu Haus krieche ich unter den Tisch, dort fühle ich mich vor seinen Steinwürfen sicher. Da kommt mein Vater ins Zimmer. Als er mich unterm Tisch hocken sieht, fragt er, was ich dort mache. Ich erzähle ihm die Geschichte mit der Mütze, dem Rabbi und den Steinen, die mir Gott an den Kopf werfen will. Darauf wird er wütend, zerrt mich an den Ohren unterm Tisch hervor und versetzt mir ein paar Ohrfeigen. Als ich am nächsten Tag, diesmal vorsichtshalber mit *czapka*, über den Ringplatz gehe, hält mich vor der katholischen Kirche eine Gruppe polnischer Jungen an, die ich flüchtig kenne, alle größer als ich.

Warum nimmst du vor der Kirche die Mütze nicht ab, jüdisches Schwein, verfluchte Krätze?!

Und ohne auf meine Antwort zu warten, versetzen sie mir eine ordentliche Tracht Prügel.

Seit damals bin ich mit der Religion fertig. Ich habe nie herausgefunden, welcher Gott stärker ist, ihrer oder unserer, und heute interessiert mich das nicht mehr.«

Seine Frau bringt eine Schüssel Pierogi aus der Küche. Polnische Pierogi. Rudolf Schwarz hat ihr gezeigt, wie man polnische Pierogi zubereitet, die sind anders als russische oder ukrainische. Einige sind gefüllt mit Kartoffeln, andere mit Kraut und Pilzen. Die hat er selber in den Wäldern um Borschtschiv gesammelt. Im Schlafzimmer hängen Schnüre mit getrockneten Pilzen, wie riesige Rosenkränze. Die Frau holt einen, ich muss an den verschrumpelten braunen Pilzscheiben riechen. Zu den Pierogi gibt es Tee und Wodka, die Flasche ist beschlagen wie eine Windschutzscheibe an einem frostigen Morgen. Direkt aus dem Eisfach. Rudolf Schwarz war früher Direktor einer Zuckerfabrik. Die steht heute still. Ob man sie wieder in Betrieb setzen wird?

Er wiegt zweifelnd den Kopf.

Heute wird alles aus Polen importiert. Zucker aus Polen. Kartoffeln aus Polen. Kleidung aus Polen. Dabei ist die Ukraine ein reiches Land. Warum kann sie nicht alles selber produzieren, Nahrungsmittel, Kleidung, Geräte? Weil man den Menschen die Achtung vor ehrlicher Arbeit ausgetrieben hat. Man hat sie zu Faulenzern gemacht, zu Tagedieben, zu Säufern, die herumlungern und die Frau prügeln, wenn sie kein Geld nach Hause bringt. Eine Schande ist das. Er schenkt Wodka ein. Fünfzig Gramm. Er leert das Glas auf einen Zug, setzt es mit einem Seufzer ab und trinkt einen Schluck Tee nach.

Er hat fünfzehn Jahre lang in Kolchosen gearbeitet, als *natschalnik*, Leiter, Direktor, in sechs verschiedenen Betrieben, einmal hier, dann da, sie schickten ihn herum wie eine alte Hure, die zu nichts mehr taugt. Die Leute in den Kolchosen fragten ihn erstaunt, was er dort mache, ein Jude auf dem Land, in der Landwirtschaft? Dabei hat es in Podolien und auch in anderen Regionen Galiziens immer jüdische Bauern gegeben, auch jüdische Großgrundbesitzer, die besaßen vor dem Krieg große Güter, sie wirtschafteten besser als die adeligen Gutsherren, die schmissen das Geld mit vollen Händen zum Fenster hinaus, sie fuhren an die Riviera, holten sich Ballettmädchen aus Lemberg und Wien, feierten prächtige Feste, die eine Woche und länger dauerten, verspielten und verspekulierten ihr Vermögen. Und wenn das Geld beim Teufel war, waren die Juden schuld, bei denen die Herren hohe Kredite aufgenommen hatten. Die jüdischen Schacherer und Blutsauger richten das Land zugrunde, hieß es dann, und die kleinen Bauern und das Gesinde, Ukrainer zumeist, plapperten das nach, obwohl sie selber von den polnischen Gutsherren wie Vieh behandelt wurden. Das sollte sich später rächen, in den Kriegsjahren, da wurden in Podolien und Wolhynien viele Polen von Ukrainern massakriert, natürlich auch Juden.

Rudolf Schwarz schenkt die Gläser randvoll. Wir führen sie vorsichtig zum Mund, um keinen Tropfen zu verschütten, und leeren sie in einem Zug. Er wischt sich eine Träne aus dem halbblinden Auge.

Von der Kolchose wurde er in die Zuckerfabrik geschickt, wieder als *natschalnik*. Dort ging es drunter und drüber, ein Saustall, jeder raffte, was er nur konnte. Rudolf Schwarz versuchte Ordnung zu machen, er war lange Jahre Direktor und erhielt zahlreiche Anerkennungsschreiben und Auszeichnungen. Auch im großen Krieg. Als die Deutschen im ehemaligen Ostgalizien einmarschierten, das im September 1939 der Sowjetunion zugeschlagen worden war, schloss er sich den zurückweichenden sowjetischen Truppen an. Vor den Deutschen wurden Teile Podoliens, auch Borschtschiv, von den Ungarn besetzt, Verbündete der Deutschen, die ersten ungarischen Truppen kamen auf Fahrrädern, sie plünderten wild, unorganisiert, doch sonst ließen sie die Juden ungeschoren, als sechs Wochen später die Deutschen die Herrschaft übernahmen, änderte sich das schlagartig. Da war Rudolf Schwarz schon weg, seine Eltern und die beiden Schwestern blieben zurück. Später kämpfte er mit der Roten Armee gegen die Faschisten, er marschierte durch Polen bis nach Berlin.

Er steht auf und geht zum Bücherschrank, um ein Foto zu holen, das ihn in Uniform zeigt, Auszeichnungen auf der breiten Brust, Ordensbänder, Medaillen, Sterne, das selbstsichere Lächeln und die schief sitzende Mütze mit dem fünfzackigen Stern verleihen ihm ein draufgängerisches Aussehen. Ein fescher Mann, sagt seine Frau und lacht glucksend. Im Bücherschrank stehen Werke in russischer

Sprache, auch solche jüdischer Dichter, Scholem Alejchem, Izchak Lejb Perez, Izig Manger, daneben ein Band mit Goethes Werken in Deutsch.

Rudolf Schwarz hat das polnische Gymnasium in Borschtschiv besucht, das vermittelte noch echte Bildung, Latein und natürlich Deutsch, Schiller und Goethe.

Er zitiert, stockend zwar und mit Akzent, doch fehlerfrei:

»Wer reitet so spät durch Nacht und Wind,
Es ist der Vater mit seinem Kind.
Er hat den Knaben wohl in dem Arm,
Er fasst ihn sicher, er hält ihn warm.«

Im Elternhaus wurde nicht Jiddisch gesprochen, sondern Polnisch, die Schwarz waren eine aufgeklärte Familie, völlig assimiliert, polonisiert, sein Vater wurde zornig, wenn eines der Kinder ein jiddisches Wort mit nach Hause brachte. Jiddisch ist ein hässlicher Jargon, der gehört ausgemerzt, sagte er streng. Auf der Straße lernten die Kinder trotzdem Jiddisch, von Freunden und Spielgefährten, die meisten Juden in Borschtschiv sprachen Jiddisch, aber auch Polnisch und Ukrainisch, die Schwarz hatten ein ukrainisches Hausmädchen, aus einem Dorf in der Nähe, das den Kindern schöne Volkslieder beibrachte. Oksana hieß das Mädchen. Es war nicht ungewöhnlich, dass jemand Jiddisch, Hebräisch, Polnisch, Ukrainisch und Deutsch sprach, und wenn man ihn fragte, ob er eine Fremdsprache beherrsche, verneinte er das bedauernd. Rudolf Schwarz hat nie Hebräisch gelernt, das lernte man im Cheder, in der jüdischen Grundschule, und beim Studium der heiligen Bücher, auch die Zionisten entschieden sich für Hebräisch als Sprache der Zukunft. In Borschtschiv lebten vor dem

Krieg viele Juden, rund ein Viertel der Einwohner, es war keine reiche Stadt, doch man konnte leben wie ein Mensch, wie es hieß, man war mit dem zufrieden, was man hatte. Es gab eine große Tabakfabrik, dort fanden auch Juden Arbeit, sogar Frauen, obwohl die Arbeit nicht leicht war, viele Arbeiter wurden vom Staub lungenkrank. Jüdische Intellektuelle gründeten eine Lesehalle, die *Czytelnia*, mit jiddischen, polnischen, deutschen und hebräischen Büchern. Die Ukrainer hatten ihre eigene Lesestube, die *Proswyta*. Es wurden Lesungen und Vorträge über alle möglichen Themen abgehalten, Wissenschaft, Literatur, Geschichte, oft kamen Gäste aus Lemberg oder Czernowitz. In der *Czytelnia* fanden auch Theateraufführungen statt, von jüdischen Gruppen aus Warschau, Lemberg und Wilno. Rudolf Schwarz ging mit seinen Schwestern hin, sie liebten das Theater, obwohl der Vater das nicht gern sah. Doch beim Theater drückte er ein Auge zu, Kultur war ihm wichtig. Es gab auch jüdische politische Organisationen und Gruppen, die einander heftig bekämpften, Rechte, Zionisten, Sozialisten, Kommunisten … *Betar, Gordonia, Haschomer Hazair, Ha Noar Hazion* und wie sie alle hießen, viele Jugendliche schlossen sich den Zionisten an, besuchten landwirtschaftliche Kurse, lernten Hebräisch und Kühe melken, einige fuhren noch vor Ausbruch des Krieges nach Palästina.

Seit den achtziger Jahren des 19. Jahrhunderts sahen die armen Menschen in den ostgalizischen Dörfern und Schtetln in der Emigration den einzigen Ausweg, um der Not zu entkommen. In Amerika, in Kanada, in Brasilien, überall war es besser als zu Hause, dort ist die Nacht besser als hier der Tag, hieß es. Das Land wurde von einem regelrechten Auswanderungsfieber erfasst, das anschwoll, wieder abebbte, neuerlich anschwoll. Juden und Ukrainer, Händler, Handwerker, Arbeiter, Taglöhner, kleine Bauern und landlose Feldarbeiter träumten vom großen Glück in den Vereinigten Staaten, von Ländereien in Brasilien, von großen Plantagen, obwohl keiner wusste, was eine Plantage war. Ukrainische Familien suchten sogar im zaristischen Russland ihr Glück. In jeder Stadt, jedem Dorf gab es Auswanderungsagenten, im Dienst von Schiffahrtslinien, die Auswanderer anwarben, sie versprachen ihnen das Blaue vom Himmel herunter, erzählten Wunderdinge von Amerika, vom Gold, das dort auf der Straße liege, man brauche es nur aufzuheben, jeder, der hinüberfahre, bekomme eigenes Land, so viel er wolle, zum Bebauen. Sie zeigten bunte Bilder von großen Städten, von Wolkenkratzern und unter der Erde fahrenden Zügen, von der Freiheitsstatue, die in New York die Auswanderer mit offenen Armen empfing, und sie lasen die Briefe von Leuten vor, die drüben angeblich ihr Glück gemacht hatten. Oft residierten die Agenten in kleinen Läden, in dreckigen Hinterzimmern, in billigen Schenken, dennoch glaubten viele einfache Menschen, Analphabeten zumeist, den phantastischen Versprechen, sie hatten nichts zu verlieren, was besaßen sie schon, ein paar Morgen Land, viele nicht einmal das, eine Kuh, eine schäbige Hütte, eine Schar hungriger Kinder. Auch aus Borschtschiv gingen viele nach drüben, Rudolf Schwarz erinnert sich an Freunde und Nachbarn, die von einem Tag auf den anderen alles verkauften und ihr Bündel schürten. Sie fuhren mit dem Zug nach Hamburg oder nach Bremen und von dort mit dem Schiff über den Ozean. Später kamen Briefe, die von den Zurückgebliebenen stolz herumgezeigt wurden. Mit amerikanischen Marken auf dem Kuvert. Manchmal schickten die Auswanderer

Geld, Dollar, Rudolf Schwarz weiß noch, wie sie als Kinder ehrfürchtig die großen Dollarscheine betrachteten, die waren damals größer als heute. Ein amerikanischer Dollar war ein Vermögen. Wenn die Scheine zerknittert waren, bügelten die Frauen sie sorgfältig, unter Seidenpapier, um sie nicht zu versengen, ehe sie das Geld unter der Wäsche versteckten.

Manchmal kamen Leute aus Übersee zurück, die nannte man »Amerikaner«, sie kleideten sich moderner, die Männer trugen kürzere Röcke und ungewöhnliche Hüte, die hießen *Fedora*. Manche Juden hatten sich drüben den Bart gestutzt oder ganz abrasiert, das sorgte in der Gemeinde für Aufregung und Ärger. Die meisten Rückkehrer berichteten, wie gut es ihnen drüben ergangen sei, wie viel sie verdient hätten, obwohl man einigen ansah, dass es damit nicht so weit her war. Rudolf Schwarz' Vater lachte bei diesen Erzählungen nur und fragte, warum sie nicht drüben geblieben seien, wenn dort alles so wunderbar sei. Dann waren sie still. Auch in Amerika musste man arbeiten, auch dort wurde einem nichts geschenkt, *cudów nie ma*, Wunder gibt es keine. Manche Rückkehrer brachten goldene Dollar mit, Zehn- und Zwanzig-Dollar-Münzen, die waren besonders begehrt. Goldmünzen konnten einem später das Leben retten, in der Zeit der deutschen Okkupation, die ukrainischen Bauern waren ganz wild darauf. Für Gold konnte man in der Zeit der Verfolgung Essen kaufen, falsche Papiere, ein Versteck bei Bauern, in einem Heuschober, einer Erdhöhle, einer Kartoffelmiete, in einem Brunnenschacht. Viele versteckten sich in selbstgegrabenen Bunkern, doch die meisten wurden entdeckt, verraten, von Ukrainern oder von Polen. Es gab auch Menschen, die Juden ohne Bezahlung halfen, als gute Nachbarn und

Freunde, aus christlicher Nächstenliebe, andere wieder steckten das Geld ein und verrieten die Juden erst recht oder brachten sie eigenhändig um. Juden waren vogelfrei, die Deutschen setzten Kopfprämien auf jeden aus, wer einem Juden half, musste damit rechnen, selber erschossen zu werden, mit der ganzen Familie.

Heute gibt es nur wenige Juden in Borschtschiv, Rudolf Schwarz ist einer der letzten. Seine Enkelin ist achtzehn und redet dauernd davon, nach Israel zu gehen. Rudolf Schwarz kennt das Land, er war schon einmal dort, Mitte der neunziger Jahre, auf Einladung seines Neffen, des Sohnes seiner älteren Schwester. Der war noch ein Säugling, als die Deutschen nach Borschtschiv kamen, die Eltern brachten ihn bei polnischen Nachbarn unter und baten sie, sich um den Kleinen zu kümmern, die gaben ihn als ihr eigenes Kind aus und zogen ihn groß. Von seiner jüdischen Herkunft erzählten sie ihm erst viel später. Seine Mutter, Rudolf Schwarz' ältere Schwester, wurde mit ihrem Mann in einer der »Aktionen« ermordet, die im Ghetto von Borschtschiv stattfanden, das die Deutschen im April 1942 eingerichtet hatten. Das Ghetto war klein, nur ein paar enge Straßen, in einem ärmlichen Viertel, Jelniza genannt. In Borschtschiv fanden mehrere solcher »Aktionen« statt, sechs oder sieben, in deren Verlauf die Juden zusammengetrieben und wahllos erschossen wurden, von ukrainischen Polizisten und Deutschen. Insgesamt wurden in der Kleinstadt rund 8000 Juden ermordet, viele aus umliegenden Dörfern und Schtetln, Koroliwka, Tluste, Biltsche … In welcher »Aktion« die ältere Schwester umgebracht wurde, kann Rudolf Schwarz nicht sagen, auch nicht, wo sie begraben liegt. Auch die Eltern haben kein ordentliches Grab, er weiß nur, dass sie von ukrainischen Polizisten erschossen wurden, das erzählte man ihm nach seiner Rückkehr, die Leichen wurden irgendwo verscharrt wie Tiere. Irgendwo in der Gegend von Borschtschiv.

Die zweite Schwester gab sich als Ukrainerin aus und beschaffte sich falsche Papiere; zu ihrem Glück hatte sie das, was man ein »gutes Aussehen« nannte, man sah ihr nicht an, dass sie Jüdin war. Sie wurde nach Deutschland verschleppt, zur Zwangsarbeit. Dort überlebte sie. Nach dem Krieg kehrte sie zurück, sie starb 1972.

Als Rudolf Schwarz 1946 wieder nach Borschtschiv kam, musste er sich vor den *Banderowcy*, den ukrainischen Faschisten, in Acht nehmen, die nach Kriegsende weiter gegen die Sowjetmacht kämpften. Sie hatten Angst, er würde sich an ihnen für alles das rächen, was sie den Juden angetan hatten. Doch er dachte nicht an Rache, er war immer der Meinung, wenn einer Schuld auf sich geladen hat, müsse er irgendwann dafür büßen, so oder so, dazu brauche es ihn nicht. Nach dem Krieg begegnete er in Koroliwka einem Mann, der trug die Hose seines Vaters. Er erkannte sie auf Anhieb, es war Vaters beste Anzughose. Als er ihn zur Rede stellte, wurde der Mann blass und begann zu stottern, dann bot er ihm Geld an, viel Geld, und flehte, ihn nicht zu verraten. Rudolf Schwarz nahm sein Geld nicht, doch er erzählte auch keinem etwas von der Begegnung.

»Das hat ihm auch nichts geholfen. Wie ich später erfuhr, wurde er trotzdem als Bandit verhaftet und verurteilt. Angeblich ist er in Sibirien verreckt.«

Als Rudolf Schwarz nach Israel fuhr, redete ihm der Neffe zu, dort zu bleiben. Israel kümmere sich um alle Juden, auch um solche, die nicht mehr arbeiten könnten, ihm und seiner Frau würde nichts abgehen, sie könnten sorgenlos leben, bekämen eine schöne Wohnung, genug Geld, es gebe in Israel keinen Antisemitismus wie in Polen, Russland und der nun unabhängigen Ukraine.

Doch es gefiel ihm in Israel nicht, er ist zu alt, sagt er, um aus der Ukraine wegzugehen. Hier ist seine Heimat, hier sind seine Wurzeln, hier wurde er geboren, hier liegen seine Eltern und Nächsten begraben, auch wenn er die Gräber nicht kennt.

»Jetzt sitze ich da und warte auf meine Pension, die letzte Zahlung habe ich vor drei Monaten bekommen. Ich habe mir immer viel eingebildet auf meinen Kopf, habe gemeint, ich sei ein besonders Kluger, dabei bin ich ein *duren*, ein Idiot. Ich habe mein ganzes Leben damit verplempert, den Kommunismus aufzubauen. Und was hat dabei herausgeschaut?«

Er blickt an sich herunter und reibt sich mit der Hand über die nackte Brust. Er betrachtet die schweißnasse Handfläche.

»Was hab ich jetzt davon? *Figg*, wie man in Polen sagt. Eine Feige. Nichts.«                    *(2007)*

# Bildergeschichte

*Fotografische Fundstücke*

Ich bin ein jämmerlicher Fotograf und fotografiere nicht gern. Weder habe ich ein Auge für Motiv und Komposition noch weiß ich, wann ich abdrücken soll, überhaupt kann ich mit Fotoapparaten nicht umgehen. Dennoch üben Fotografien eine magische Anziehungskraft auf mich aus, ich sammle leidenschaftlich Aufnahmen und Ansichtskarten von Osteuropa und anderen Regionen, vor allem wenn ich über sie schreiben möchte. Dann dienen mir die Bilder von Orten und Landschaften als Anregung und Anschauungsmaterial, als Hilfsmittel für die Beschreibung und Gedächtnisstütze.

Nicht weniger faszinierend finde ich Fotografien von Menschen, Männer, Frauen, Kinder, ganz gleich, auch wenn ich keine Ahnung habe, wer diese sind, oft weiß ich weder Namen noch Herkunft, nur, wie sie zum Zeitpunkt aussahen, als die vor mir liegende Aufnahme gemacht wurde, ein Porträt im Atelier eines Berufsfotografen in Warschau oder Riga, oder ein zufälliger Schnappschuss eines unbekannten Knipsers, ich sehe bloß, welche Haltung die Menschen einnahmen und welche Kleidung sie trugen, was Schlüsse auf ihren gesellschaftlichen Stand und manchmal auf ihren Beruf zulässt.

Ich liebe es, über Fotografien und das Schicksal der darauf abgebildeten Menschen zu spekulieren. Wer waren sie, in welchem Verhältnis standen sie zueinander, wie lebten sie, was bewegte sie, waren sie glücklich oder unglücklich, was ist aus ihnen geworden?

Diese Fragen stellte ich mir, als ich vor einiger Zeit in einem Wiener Antiquariat einen Packen Bilder aus einer polnischen Kleinstadt entdeckte. Sechzehn Fotografien, alle schwarzweiß, vierzehn davon in einem ungewöhnlichen Großformat, 18 × 12,5 cm, nur zwei etwas kleiner, 15,5 × 12,5 und 13 × 12,5 cm. Die Aufnahmen wurden später vergrößert, zweifellos waren die Originale kleiner. Auf meine Frage nach Fotografien aus Polen legte mir die Besitzerin des Ladens einen Ordner vor, in dem sich in einer Klarsichtfolie die Aufnahmen befanden. Sie befanden sich offenbar in einem Album und wurden irgendwann herausgelöst, auf der Rückseite sind noch die Klebestellen zu sehen, außerdem steht bei jeder Aufnahme hinten »Polen« mit Bleistift geschrieben sowie der Preis. Die geographische Zuordnung erfolgte allerdings erst im Laden, wie mir die Besitzerin versicherte, ob die Bilder im Album mit einem erklärenden Text versehen waren, zum Beispiel was den Ort und die Zeit angeht, wird sich nie mehr feststellen lassen.

Zur Herkunft der Bilder konnte die Antiquarin nichts sagen, sie wisse nicht mehr, wer sie eingebracht habe, vermutlich ein anderer Altwarenhändler, der sie in einer Verlassenschaft fand und weiterverkaufte.

Dass die Aufnahmen tatsächlich aus Polen stammen, stand für mich rasch fest. Auf einem Bild, es zeigt eine Schar Kinder bzw. Jugendlicher, die unter einem hölzernen Vordach vor einer offenen Tür stehen, ist ein Schild mit einer Adresse zu sehen: Rynek 21, also Marktplatz 21, darunter steht noch ein längerer Name, vermutlich der Gemeinde, doch der ist nicht zu entziffern, alle Versuche, den Ausschnitt zu vergrößern, um die ganze Beschriftung lesen zu können, blieben erfolglos.

Die meisten Aufnahmen zeigen eine agrarisch geprägte Kleinstadt, Straßenzeilen mit Holzhäusern, wie sie in Polen in manchen Gegenden im Osten heute noch anzutreffen sind, unregelmäßig gepflasterte Gassen und Plätze, Marktszenen, zum Verkauf angebotenes Gemüse, in Körben und Holzkisten oder einfach auf den Boden gelegt, Kartoffel, Rüben, Kohlköpfe; Pferdewagen, die Ladefläche mit Stroh bedeckt, damit die darauf befindlichen Säcke weich lagern und während des Transports keinen Schaden nehmen, außerdem sitzt es sich im Stroh bequemer als auf Brettern. Ein sich wiederholendes Motiv sind ländlich wirkende Frauen, Bäuerinnen oder Marktfrauen, in karierte Wolltücher mit Fransen gehüllt, auf dem Markt, zwischen Pferdewagen, vor einem Laden. Auch die meisten Männer sehen wie Bauern aus, andere wie Handwerker oder kleine Händler, alle tragen Kappen (auch Jugendliche und Kinder), wie sie in der Zwischenkriegszeit für Arbeiter typisch waren.

Einige Aufnahmen zeigen Häuserzeilen mit bescheidenen Läden, die man an den Schildern erkennt: ein Riemenmacher (Zakład Rymarski), mit einem aufgemalten Pferd im Schild, der Name des Besitzers ist unleserlich, eine Süßwarenhandlung (Sklep cukierniczy), auf einem anderen Bild sind Töpferwaren zu sehen, Krüge, mit und ohne Henkel, Schüsseln und Töpfe, zum Verkauf auf das unregelmäßige Pflaster des Marktplatzes gestellt, dazwischen in Tücher gehüllte Frauen, eine, rechts im Bild, schaut direkt in die Kamera, ihr Blick wirkt misstrauisch, ängstlich beinahe, sie trägt das karierte Tuch nicht, wie andere, über dem Kopf, sondern über der Schulter; vor einer Ansammlung von Töpfen sitzt ein Mann auf einem Sessel, den Kopf in beide Arme gestützt, als schlafe er – der Verkäufer?

Auf einer anderen Aufnahme, sie zeigt ebenfalls eine Marktszene, sehen wir im Hintergrund die Silhouette einer Kirche, einen eckigen Turm mit niedrigem Dach, daneben

eine dunkle Erhebung, ein Hügel vielleicht, eine Burg-
ruine, das ist nicht eindeutig auszumachen. Dieses Foto
könnte helfen, den Ort zu identifizieren, die Kirche dürfte
noch stehen. Ich habe Einiges versucht, um herauszufinden, wo die Bilder entstanden, bislang vergeblich. Die Aufnahmen »pachną wschodem«, riechen nach dem Osten,
sagte eine polnische Bekannte, sie könnten aus der Umgebung von Lublin stammen; eine Warschauer Lehrerin
tippte spontan auf Kozienice, eine Kleinstadt auf halber
Strecke von Warschau nach Lublin, oder Siemiatycze, nahe
der weißrussischen Grenze. Ein wissenschaftlicher Mitarbeiter des Jüdischen Historischen Instituts (ŻIH) in
Warschau wieder meinte, die Fotografien könnten Maków
Mazowiecki zeigen, eine mittelgroße Stadt nördlich von
Warschau. Fest steht, dass es sich nicht um ein Dorf han-

delt, denn um den Marktplatz (möglicherweise sind mehrere Marktplätze zu sehen, nicht notwendig alle in derselben Ortschaft) stehen gemauerte Gebäude. Auf einer Aufnahme sieht man im Hintergrund ein weißes, stattliches Gebäude mit drei großen Fenstern, das die meisten Betrachter für eine Synagoge halten; außerdem sind Straßen und Plätze gepflastert, und hier und da gibt es Strommasten, der Ort war also zumindest teilweise elektrifiziert.

Doch es sind die ländlichen Szenen, die Pferdewagen, die Bäuerinnen in ihren karierten Tüchern, die zum Verkauf ausgelegten Feldfrüchte, die das Interesse des unbekannten Fotografen wecken, was darauf schließen lässt, dass er selber aus einem städtischen Milieu stammt und diese Motive als fremd und exotisch empfindet.

Eine Aufnahme zeigt drei Frauen, zwei tragen Kopftücher, bei der dritten kann man das nicht mit Sicherheit sagen, alle drei sind barfuß und stehen leicht nach vorn gebeugt

vor einem Holzhaus, links ein einfaches Lattentor oder ein Stück Zaun, ein alter Holzschemel, die Frauen wenden dem Betrachter den Rücken zu, sie sind mit etwas beschäftigt, was nach Leinschwingen aussieht; auf einem anderen Bild, das jüngere, in Tracht gekleidete Mädchen zeigt, ist das Gerät, an dem die Frauen hantieren, aus der Nähe zu sehen, es handelt sich tatsächlich um eine händisch zu bedienende Lein- oder Flachsschwinge, eine stumpfe Holzklinge, mit der die verholzten Teile vom zuvor gedörrten und gebrochenen Flachs entfernt werden.

Auf den ersten Blick datierte ich die Aufnahmen in die dreißiger oder vierziger Jahre des 20. Jahrhunderts, nicht zuletzt wegen der Kleidung der Menschen, zudem sind nur Pferdewagen zu sehen, kein Auto, nicht einmal ein Fahrrad. Alles macht einen ärmlichen Eindruck, die niedrigen Häuser, manche Fenster mit Brettern vernagelt, viele Menschen sind barfuß, Frauen und Kinder, obwohl es offenbar nicht besonders warm ist, ein paar Kinder sind regelrecht abgerissen, Hosen und Röcke oftmals geflickt, das Schuhwerk, falls sie überhaupt welches tragen, ist ausgetreten.

Es war ein Bild, das auf Anhieb meine Aufmerksamkeit erregte. Im Vordergrund steht ein Mann, mit dem Rücken zur Kamera, er schaut zu zwei in eine Unterhaltung vertieften Frauen hin, Bäuerinnen oder Marktfrauen, in großen karierten Tüchern und gestreiften Schürzen, eine trägt einen geflochtenen Henkelkorb am Arm, neben sich hat sie einen zweiten Korb abgestellt, der Mann steht etwas abseits, als gehörte er nicht dazu, dieser Eindruck wird verstärkt durch seine auf dem Rücken verschränkten Hände, er trägt einen dunklen Mantel, Schal, Mütze und Bart, und obwohl er der Kamera den Rücken zuwendet, sieht man sofort, dass es sich um einen Juden handelt – die Mütze, der Bart, seine ganze Haltung. Und dann war da noch etwas, was mich gleichsam elektrisierte. Am rechten Ärmel erkennt man eine weiße, primitiv verknotete Armbinde. Ein Jude mit Armbinde? Ich untersuchte die anderen Fotografien auf dieses Detail. Tatsächlich entdeckte ich auf einigen

Aufnahmen Erwachsene mit ähnlichen Armbinden, Männer und Frauen, und dann fiel mir noch etwas auf: An einigen Läden hängen weiße Zettel, angeklebt, angenagelt, das kann man nicht sagen, auf einem erkennt man eindeutig einen sechszackigen Davidstern.

Das schafft Klarheit über die Datierung.

Die Aufnahmen stammen aus der Zeit der deutschen Besatzung. Am 23. November 1939 erließ Reichsminister Hans Frank, Chef des so genannten Generalgouvernements, eine Verordnung betreffend die Kennzeichnung von Juden:

*Auf Grund des § 5 Abs. 1 des Erlasses des Führers und Reichs-*
*kanzlers über die Verwaltung der besetzten polnischen Gebiete*
*vom 12. Oktober 1939 (Reichsgesetzbl. I S. 2077) verordne*
*ich:*

*§ 1. Alle Juden und Jüdinnen, die sich im Generalgouverne-*
*ment aufhalten und das 10. Lebensjahr überschritten*
*haben, sind verpflichtet, vom 1. Dezember 1939 ab am*
*rechten Ärmel der Kleidung und Überkleidung einen*
*mindestens 10 cm breiten weißen Streifen mit dem Zi-*
*onsstern zu tragen.*

*§ 2. Diese Armbinden haben sich die Juden und Jüdinnen*
*selbst zu beschaffen und mit dem entsprechenden Kenn-*
*zeichen zu versehen.*

*§ 3. (1) Zuwiderhandlungen werden mit Gefängnis und mit*
*Geldstrafe bis zu unbeschränkter Höhe oder mit einer*
*dieser Strafen bestraft.*
*(2) Zuständig für die Aburteilung sind die Sonderge-*
*richte.*

*[…]*

*Der Generalgouverneur für die besetzten polnischen Gebiete*
*Frank*


Auch die »Verordnung über die Bezeichnung der Geschäfte im Generalgouvernement« stammt vom 23. November
1939, in Bezug auf jüdische Läden heißt es dort unter § 3.:

*Jüdische Geschäfte sind in einer von der Straße aus deutlich*
*sichtbaren Weise mit dem Zionsstern zu kennzeichnen; eine*
*deutsche Firmenbezeichnung ist ihnen nicht gestattet.*


Die Aufnahmen wurden also nach dem 1. Dezember 1939
gemacht, als diese Verordnungen in Kraft traten. Und noch

eines lässt sich mit Bestimmtheit sagen: Zu der Zeit, als die Bilder geknipst wurden, gab es in der Ortschaft noch kein Ghetto. Auf einigen Aufnahmen sind Juden und Nichtjuden miteinander oder besser nebeneinander zu sehen (wie etwa auf dem erwähnten Bild des Juden mit Mütze, der zu den beiden Frauen hinschaut). Das hilft allerdings nur bedingt, die Zeit genauer einzugrenzen, denn geschlossene jüdische Wohnbezirke, wie Ghettos in der offiziellen Diktion der Besatzer euphemistisch hießen, wurden nicht überall gleichzeitig eingerichtet, sondern innerhalb eines Zeitraums von etwa zwei Jahren. Grundlage dafür war die von Generalgouverneur Hans Frank am 13. September 1940 erlassene Verordnung über die Einschränkung der freien Wahl des Wohn- und Aufenthaltsortes für Juden. In manchen Orten des Generalgouvernements waren allerdings schon vorher geschlossene Wohnbezirke für Juden geschaffen worden, etwa im Oktober 1939 in Piotrków und in Radomsk. Im Frühjahr 1940 entstanden Ghettos unter anderem in Jędrzejów, Wodzisław, Włoszczowa sowie in Przedborz, im Mai desselben Jahres dann in Städten und kleineren Orten im Bezirk Łowicz, in der Stadt Łowicz selber, in Głowno, Bolimów und Kiernozia. In einzelnen Orten wurden erst im Jahre 1942 Ghettos eingerichtet, so in Biłgoraj, dem Geburtsort des jüdischen Nobelpreisträgers Isaac Bashevis Singer, in Dąbrowa Tarnowska oder in Gródek Jagielloński in der Nähe von Lemberg.

Bleibt noch die Frage nach der Jahreszeit, in der die Aufnahmen gemacht wurden. Bäume oder Büsche, die Rückschlüsse zuließen, sind nicht zu sehen. Aber wie sind die Menschen gekleidet, winterlich warm oder eher sommerlich? Viele Frauen hüllen sich in warme Decken, es ist also sicher nicht Sommer, andererseits liegt kein Schnee,

Frauen und Kinder (nicht die Männer, das war in ländlichen Gegenden in Polen so üblich) gehen barfuß. Es herrscht also nicht Winter. Bleiben Frühjahr oder Herbst. Ein Blick auf die zum Verkauf ausliegenden Feldfrüchte hilft. Auf zwei Fotografien sehen wir das ganze von den Bauern auf den Markt gebrachte Angebot: Kohlköpfe, Karotten, Gurken, Rüben, Kartoffel, Zwiebeln, alles Feldfrüchte, die im Herbst geerntet werden, im September oder Oktober. Eine der Aufnahmen ist noch aus einem anderen Grund interessant. Sie zeigt einen Mann vor einem Berg Kohlköpfe knien, als sei er der Verkäufer, am rechten Rockärmel trägt er eine weiße Armbinde. Im Jüdisch Historischen Institut in Warschau sagte ein Mitarbeiter beim Betrachten des Mannes spontan, seine Haltung sei befremdlich, atypisch.

Was daran befremdlich sei, fragte ich erstaunt.

Er ist eindeutig ein Jude, antwortete er, es ist jedoch sonderbar, dass ein Jude so kniet, diese Haltung ist typisch für Katholiken.

Auf dem anderen Foto sehen wir gleich mehrere Menschen mit Armbinden. In der Mitte des Bildes steht ein Junge, vielleicht fünfzehn, sechzehn Jahre alt, der direkt in die Kamera schaut. Ebenso der kleine Bub direkt vor ihm, er trägt eine Kappe, viel zu groß für sein schmales Gesicht mit den abstehenden Ohren, das alt wirkt, obwohl er nicht älter als fünf, sechs ist. Der Junge dahinter trägt eine Bluse mit Zippverschluss, sie ist schmutzig, vermutlich vom Tragen von Kisten und Säcken mit Kartoffeln und Rüben, am rechten Ärmel sieht man die weiße Binde. Unkindlich ernst wirkt auch das kleine dunkelhaarige Mädchen rechts unten im Bild. Der kleine Junge neben ihr, etwa gleich alt, ohne

Mütze, scheint beinahe zu lächeln, wenn auch verhalten. Oder täuscht das? Am linken Rand des Bildes steht ein zweites Mädchen, vielleicht zwölf, das eindeutig lächelt, es trägt ein kariertes Tuch um die Schultern, die gelockten Haare sind unbedeckt. Im Hintergrund ist ein langgestrecktes ebenerdiges Gebäude, ähnlich einer Baracke, auf

einem Betonfundament, ein paar Fenster sind zerbrochen und notdürftig mit Brettern vernagelt, in zwei Fenstern sind Löcher zu erkennen, durch die im Winter das Ofenrohr geleitet wird, an einigen Fenstern kleben weiße Zettel, vermutlich mit dem Davidstern. Im Gebäude sind also jüdische Läden untergebracht. Allerdings gibt es keinen Hinweis darauf, was dort verkauft wird. Vielleicht dient es als Markthalle, wenn es draußen zu kalt ist, um die Ware im Freien auszulegen. An der Wand der Baracke stehen und sitzen ein paar Erwachsene, die Männer dunkel gekleidet, einer trägt einen langen Mantel, man erkennt deutlich die weißen Armbinden, vielleicht sind sie Träger, die am Markt auf Beschäftigung warten; links und rechts von einer offenen Tür stehen zwei Frauen, die eine in einem hellen Staubmantel, der nicht erkennen lässt, ob sie eine Armbinde umgelegt hat. Der helle Mantel wirkt seltsam elegant für die ärmliche Umgebung, die Haltung der Frau signalisiert eine gewisse Unbekümmertheit.

Auffallend ist der Gesichtsausdruck der in die Kamera schauenden Kinder. Für gewöhnlich lachen Kinder, wenn sie merken, dass sie fotografiert werden, das war damals nicht anders. In einer Kleinstadt war es fast ein Ereignis, fotografiert zu werden. In den Gesichtern der Kinder spiegelt sich jedoch keine Freude, sondern Misstrauen, Angst. Im Blick des kleinen Jungen mit der großen Mütze glaube ich Resignation zu erkennen, als scheine er zu ahnen, was ihm bevorsteht.

Das wirft die Frage auf, wer der Fotograf war. Ich habe die Aufnahmen in Wien gekauft, und sie stammen zweifelsfrei aus der Zeit der deutschen Besatzung Polens. Vom Herbst 1940, vielleicht 1941. Vieles deutet darauf hin, dass der Fotograf ein Soldat der deutschen Wehrmacht war, ein Österreicher, in Polen im Einsatz. Bekanntlich nahmen viele Soldaten ihren Fotoapparat mit in den Krieg, um die Eindrücke von Ländern und Menschen festzuhalten, mit denen sie konfrontiert wurden, zur Erinnerung und um die Daheimgebliebenen an ihren Erlebnissen teilhaben zu lassen. Für viele Wehrmachtsangehörige bedeutete der Krieg die erste Auslandserfahrung, Reisen über die Grenzen des eigenen Landes hinaus waren in der Zwischenkriegszeit ein Privileg des wohlhabenden Bürgertums. In fremden Ländern wurde daher von deutschen Soldaten massenhaft fotografiert, typische »Kriegsbilder«, aber auch »zivile«

Motive. In dieser Hinsicht unterschieden sich die Knipser in Uniform nicht von gewöhnlichen Touristen.

Ich weiß das von meinem Vater, der im Jahre 1940 eine Reise durch Jugoslawien unternahm, angeblich als Tourist, in Wahrheit vermutlich im Dienst des SD, zu Spionagezwecken. Auch er hatte eine Kamera dabei. Ob er militärisch relevante Objekte fotografierte, kann ich nicht sagen, in seinem Nachlass fanden sich bloß touristische Aufnahmen, Straßenszenen in Belgrad, ein Obst- und Gemüsemarkt in Zagreb, Männer in malerischer serbischer Tracht in Sarajevo, verschleierte Moslemfrauen und Mädchen in weiten, geblümten Pluderhosen, auf einem Karren sitzend.

Es ist anzunehmen, dass die anderen, militärisch interessanten Aufnahmen auf jemandes Schreibtisch landeten, die unbedenklich wirkenden Bilder behielt er zur Erinnerung.

Auf einen deutschen Soldaten als Urheber der Bilder lässt auch die Auswahl der Motive schließen. Der Fotograf scheint ein Fremder zu sein, der wachsam durch die fremde Umgebung streift und das Objektiv auf Menschen und Situationen richtet, die ihm ungewöhnlich erscheinen. Vermutlich ein Amateur, ein so genannter Knipser, doch mit einem geschulten Blick. Es ist das folkloristisch Fremdartige, das sein Interesse auf sich zieht, wobei er nicht bestrebt ist, bestehende Vorurteile gegenüber Juden und Polen durch seine Bilder zu untermauern. Sein Blick auf die Juden ist auffallend, obwohl er die Motive scheinbar vorurteilslos auswählt.

Immer wieder holt er Gesichter aus dem Gewühl heraus, vor allem Frauen, eine in ein gestricktes Wolltuch gehüllte Alte, die versunken vor einem Laden sitzt, eine junge Frau, ein paar Stück Reisig in der Hand, vielleicht will sie zu Hause Feuer machen – das Bild entstand zweifellos in einer anderen Umgebung, in einem Dorf, vielleicht am Rand der auf den übrigen Aufnahmen abgebildeten Kleinstadt, der Weg ist nicht gepflastert, die junge Frau steht vor einem einfachen Holzzaun, im Hintergrund sieht man eine mit Stroh gedeckte Hütte. Bemerkenswert ist noch ein anderes Detail: Die Aufnahme zeigt als Einzige einen Mann in Uniform, den Breecheshosen nach zu schließen einen deutschen Offizier, halb verdeckt durch die junge Frau. Er scheint mit zwei Frauen zu schäkern, die nur undeutlich auszumachen sind, doch das Interesse unseres Fotografen gilt eindeutig der jungen Frau mit der Handvoll Reisig. Auf allen anderen Bildern sind ausschließlich Zivilisten zu sehen, wahrscheinlich Einheimische. Wären da nicht die weißen Armbinden und die Judensterne an den Läden, würde nichts auf die Zeit der deutschen Besatzung hinweisen.

Ein anderes sich wiederholendes Motiv sind Kinder. Auf dem eingangs geschilderten Bild ist eine ganze Schar zu sehen, vor einer offenen Ladentür, ich zähle fünfzehn, Buben, nur zwei Mädchen; das kleine Mädchen links im Bild trägt ein seltsam zweifärbiges Kleid, es richtet sich die

Haare, sein Gesicht wirkt sorgenvoll, wie das einer erwachsenen Frau, obwohl es vielleicht sieben, acht Jahre alt ist, die über den Kopf erhobenen Ärmchen sind dünn wie Streichhölzer. Die meisten Buben grinsen in die Kamera, sie haben nichts dagegen, fotografiert zu werden, es macht ihnen Spaß, einige sind gut gekleidet, einer trägt sogar eine Krawatte, der Junge vorn im Bild dagegen hat einen geflickten Rock und eine zerschlissene Kappe, doch auch er schaut unbekümmert, ja furchtlos drein; hinter ihm steht einer in einer hellen Bluse und mit Mütze, die zu einer Uniform zu gehören scheinen, möglicherweise eine Pfadfinderuniform, obwohl die polnischen Pfadfinder von den

Deutschen verboten wurden. Der Junge ganz rechts im Bild trägt einen hölzernen Kasten an einem Riemen um die Schulter.

Ein Schuhputzer vielleicht, sagte ich zu einer Bekannten in Warschau, der ich die Bilder zeigte.

Sie schüttelte den Kopf.

Wem soll er dort die Schuhe putzen?

Ich gab ihr recht. Er kann auch Handwerker sein, ein Tischlerlehrling etwa, der im Kasten Werkzeug hat, oder ein junger Händler, ein Straßenverkäufer.

Auf die Frage, ob die Kinder Juden oder Nichtjuden sind, was damals über Leben und Tod entschied, erhielt ich von den Menschen, denen ich die Fotos zeigte, keine eindeutige Antwort. Keiner der Buben trägt, so weit wir das sehen können, eine Armbinde. Das hat jedoch nicht viel zu bedeuten, viele sind jünger als zehn, bei manchen ist der rechte Arm verdeckt. Der sorglose Ausdruck würde dagegen sprechen, doch der Junge mit der Krawatte zum Beispiel wirkt bei genauerem Hinsehen nicht froh, sondern unsicher, ebenso das kleine Mädchen links im Bild. Auffallend ist die Tatsache, dass alle Jungen Kappen tragen. Als ich eine ältere polnische Bekannte fragte, ob das vor dem Krieg üblich gewesen sei, gab sie mir eine verblüffend einfache Antwort:

Jeder Junge oder Mann musste eine Kopfbedeckung tragen.

Warum?

Wie hätte er sonst grüßen können?

Bemerkenswert erscheint mir, wie der Fotograf sich den jüdischen Menschen nähert, sein Blick ist nicht feindselig, und er macht nicht den Versuch, sie herabwürdigend zu zeigen, entsprechend der rassistischen nationalsozialistischen Propaganda, die den Juden, voran den Ostjuden, alle üblen Eigenschaften unterstellte. In diesem Zusammenhang dürfen wir nicht vergessen, dass Knipser in Uniform die Möglichkeit hatten, Juden nach Wunsch posieren zu lassen, um sie im Bild zu erniedrigen und lächerlich zu machen. Hier ist davon nichts zu bemerken. Wir erhalten den Eindruck, dass der Fotograf die Menschen unvoreingenommen und vorurteilsfrei betrachtet, von außen, gewiss, aber nicht übel wollend. Oder ist diese Interpretation allzu optimistisch?

Wieder war es der Bekannte im Jüdisch Historischen Institut in Warschau, der mich auf ein ungewöhnliches Detail hinwies, das mir entgangen war. Auf dem Bild von der Marktszene mit dem jüdischen Halbwüchsigen im Zentrum sieht man deutlich, dass die meisten Juden, die Kinder im Vordergrund ebenso wie die Erwachsenen dahinter, den Fotografen direkt anschauen, sie wissen, dass sie fotografiert werden. Wenn es sich bei dem Knipser um einen Wehrmachtsangehörigen handelt, dann trägt er sicher Uniform (das erklärt die misstrauischen Blicke der Kinder).

Aber warum behalten sie die Kappen auf, fragte der Mitarbeiter des ŻIH. Als Juden wären sie verpflichtet gewesen, vor einem Deutschen in Uniform die Kopfbedeckung abzunehmen.

Vielleicht bedeutete ihnen der Fotograf durch eine Geste oder einen Zuruf, die Kappen aufzubehalten, weil er sie möglichst natürlich zeigen wollte, eben nicht als »jüdische Untermenschen«?


Das ältere, lächelnde Mädchen mit dem karierten Tuch über den Schultern begegnet uns wieder auf einem anderen Bild, das eine Straßenszene zeigt, eine jüdische Gasse. An den Läden erkennen wir die ominösen weißen Zettel, auf dem ersten, ganz links im Bild, können wir den Davidstern ausmachen, die meisten Erwachsenen tragen Armbinden. Das Mädchen steht im Hintergrund, in der verlängerten Linie des hohen Strommasts, die zentrale Gestalt im Vordergrund ist ein Junge in hohen, ausgetretenen Schuhen ohne Socken und mit knielanger Hose, wobei es den Anschein hat, als trage er zwei Hosen übereinander. Hinter

ihm sehen wir eine bemerkenswerte Gruppe. Ein alter Mann mit weißem Bart, in dem wir unschwer einen Juden erkennen, obwohl der rechte Arm von einem Mädchen verdeckt wird, das ein kleines Mädchen am Arm trägt. Das Mädchen trägt einen dunklen Rock und darunter Hosen, die zwei Handbreit unter dem Rock hervorschauen. Neben dem alten Mann ein kleiner Junge mit Mütze, die er so tief in die Augen gezogen hat, dass er den Kopf nach hinten neigen muss, um etwas zu sehen. Die Gruppe steht vor einer Süßwarenhandlung.

Den Jungen mit der tief in die Augen gezogenen Mütze und das Mädchen neben ihm finden wir wieder auf einer anderen Aufnahme, die ebenfalls eine Häuserzeile mit jüdischen Läden zeigt, darunter abermals ein Riemenmacher, worauf der Pferdekopf im Schild schließen lässt. Die Holzhäuser sind jedoch anders. Während sie auf dem ersten

Bild einstöckig sind (eines hat einen über den Gehsteig ragenden geschnitzten Erker, wie man sie heute noch im Städtchen Tykocin in der Nähe von Białystok sehen kann), sind sie auf dem zweiten Bild ebenerdig, allerdings führen ein paar Betonstufen von der Straße hinauf zum Eingang. Vielleicht wurde dieser Teil des Städtchens öfter von Hochwasser heimgesucht?

Der französische Philosoph Roland Barthes schreibt in einem Essay über Bilder seiner Mutter, die er nach deren Tod ordnete: »Von vielen dieser Photos trennte mich die GESCHICHTE. Die GESCHICHTE, ist das nicht einfach die Zeit, als wir noch nicht geboren waren? Ich las mein Nichtvorhandensein aus den Kleidern, die meine Mutter vor dem Beginn meiner Erinnerung an sie getragen hatte.«[1] In meinem Fall ist das komplizierter. Ich bin 1944 geboren, also mit einiger Sicherheit nach dem Entstehen der hier beschriebenen Aufnahmen, doch mich trennt von ihnen nicht nur dieses Wissen, sondern auch das Bewusstsein, dass mein Vater damals auf der anderen Seite stand, er hätte der Fotograf sein können, der die vorliegenden Bilder machte (einmal abgesehen von der Tatsache, dass mein Vater, nach den auf mich gekommenen Bildern zu schließen, ein mittelmäßiger Knipser war, nicht zu vergleichen mit unserem Fotografen).

In diesem Zusammenhang stellt sich mir die Frage, was mit den Menschen geschehen ist, die wir auf den Aufnahmen sehen, aus den Juden, kenntlich an den weißen Armbinden, die sie auf Anordnung von Generalgouverneur Hans Frank anlegen mussten. Auf Zuwiderhandlung, etwa die Weigerung, die Armbinde zu tragen, oder den Versuch, sie unter der Kleidung zu verstecken, standen strengste Strafen, doch auch das Tragen bedeutete keinen Schutz, im Gegenteil, es machte die Juden erst recht sichtbar, hob sie, zumindest vor der Einrichtung der Ghettos, aus der Masse der Bevölkerung hervor, lieferte sie Demütigungen und Misshandlungen aus, am Ende dem Tod in Vernichtungs-

---

1 Roland Barthes, *Die helle Kammer. Bemerkungen zur Photographie.* Frankfurt/Main 1989, S. 74

lagern. Wie viele Menschen auf diesen Bildern des unbekannten Fotografen haben den Holocaust überlebt? Der ernst dreinblickende Junge mit der großen Kappe und den abstehenden Ohren? Haben seine Eltern ein Versteck für ihn gefunden? Hatten sie genug Geld, um dafür zu bezahlen? Denn für Verstecke verlangten christliche Nachbarn oft horrende Summen. Und nicht einmal dann konnten die Juden sicher sein, nicht verraten und ausgeliefert zu werden. Es ist schrecklich, darüber nachzudenken, aber es ist unwahrscheinlich, dass der kleine Junge überlebte. Das gilt auch für den Jungen mit der tief in die Augen gezogenen Mütze; und für das Mädchen mit den dunklen Augenbrauen; und das Mädchen mit der Kleinen am Arm. Sie alle wären heute nicht viel älter als siebzig, dennoch müssen wir davon ausgehen, dass sie längst tot sind, umgekommen im Ghetto, in einem Lager, verhungert, erschossen, erschlagen, vergast.

Ich würde auch gern mehr über den Fotografen herausfinden. Es ist anzunehmen, dass er in Polen noch mehr fotografiert hat. Hatte er in seinem Album auch andere Motive, schlimmere, ist das der Grund, weshalb diese Bilder aus dem Album herausgelöst wurden? Auch das werden wir, wie so vieles andere, wahrscheinlich nie erfahren.

*(2007)*

# Die Einsamkeit der Weißrussen

*Nachrichten aus einem postsowjetischen Freilichtmuseum*

Ein paar Tage nach den Präsidentschaftswahlen in Weißrussland, bei denen, wie zu erwarten, der Diktator bestätigt
wurde, erhielt ich einen Anruf aus Wilna. Im ersten Moment konnte ich den Anrufer nicht einordnen, die Verbindung war ziemlich schlecht, ich hatte den Namen nicht
verstanden und registrierte bloß, dass er Polnisch sprach,
mit hörbarem Akzent. Er spürte offenbar meine Ratlosigkeit und nannte den Ort, wo wir uns begegnet waren. Es
war bei einem Übersetzertreffen gewesen.

Ein weißrussischer Dichter und Übersetzer polnischer
Literatur, der in Wilna lebt, wo er bei einer dort erscheinenden weißrussischen Zeitschrift arbeitet und an der Universität unterrichtet. Ich sah ihn wieder vor mir. Ein mit-
telgroßer, unscheinbarer junger Mann in einem dieser
schlecht sitzenden Anzüge von unmöglicher Farbe, wie sie
nur im Ostblock hergestellt wurden. War es ein verwasche-
nes Veilchenblau oder ein gespiebenes Grün? Ich wusste
nur mehr, dass er sich bei dem Treffen immer bescheiden
im Hintergrund gehalten hatte.

Ich hatte seit Jahren nichts mehr von ihm gehört. Er entschuldigte sich, dass er mich so plötzlich telefonisch über-
falle. Meine Nummer habe er von einem gemeinsamen
polnischen Bekannten, eigentlich kenne er mich nicht näher. Aber es sei ihm wichtig, mit jemandem im Westen darüber zu sprechen. Und dann sprach er über die katastro-
phale Situation in seiner Heimat, über die Gefahr, dass die
weißrussische Kultur in den nächsten paar Jahrzehnten zur

Folklore degradiert werde und die weißrussische Sprache zu einem Dialekt, den nur mehr die alten Leute im Dorf sprechen. Er sprach von den Schikanen der Behörden gegen die weißrussische Intelligenz und von der Unmöglichkeit für einen Autor wie ihn, im eigenen Land zu publizieren. Und er sprach schließlich von der Schwäche der Opposition, die dazu führt, dass sich der Diktator rechtens auf die Unterstützung der Mehrheit berufen kann. Natürlich gab es bei den Wahlen Betrug, aber den hätte er gar nicht benötigt.

Seine Stimme war leise und ein wenig heiser, oder lag das an der Verbindung? Aus dem Hörer rauschte eine Litanei. Eine Aufzählung behördlicher Drohungen und Repressionen, willkürlicher Verbote und Zensurakte. Die kritischen Intellektuellen, die noch in Weißrussland ausharren, müssen in ständiger Angst leben, sagte er. Er sprach von »Todesschwadronen«, die auf Oppositionelle Jagd machen. Von denen hatte ich schon in polnischen Zeitungen gelesen (Polen ist eines der wenigen europäischen Länder, wo man ausführlich über die Zustände in Weißrussland berichtet). Dort wurden auch die Namen einiger Opfer genannt. Journalisten und oppositionelle Politiker.

Ist einer dieser Fälle aufgeklärt worden?, fragte ich. Er lachte über meine Naivität. Aufgeklärt? Vor ein paar Monaten sind zwei junge Staatsanwälte, die Angehörigen der »Todesschwadronen« auf die Spur kamen, in die USA geflohen, weil sie um ihr Leben bangten. Die Büros unabhängiger Organisationen und Verlage werden regelmäßig von Einbrechern heimgesucht, die meist alle Computer, Drucker, Faxgeräte und Telefone mitnehmen. Manchmal dringen die Täter am helllichten Tag ein und demolieren die wertvollen Geräte, die unter weißrussischen Bedingungen nur schwer oder gar nicht zu ersetzen sind. Dass diese Diebstähle und Vandalenakte von Kriminellen verübt werden, glaubt in Weißrussland keiner. In einigen Fällen lagen die betroffenen Büros gleich neben Polizeistationen oder anderen gut bewachten öffentlichen Stellen.

Das alles zählte der Anrufer ganz nüchtern auf, ohne jede Erregung in der Stimme. Warum macht keiner etwas, fragte er dann, immer noch ruhig. Warum kümmert sich keiner um Weißrussland? Gehören wir nicht zu Europa? Warum lässt Europa, lässt alle Welt diesen Psychopathen gewähren?

Es entstand eine Pause. Ich glaubte für einen Moment, die Leitung sei unterbrochen. Es rauschte und knackte. Ich hatte die ganze Zeit nur ein paar Sätze gesagt, belangloses Zeug, hatte unbeholfen versucht, ihm Mut zuzusprechen, aber wie kann man einem Autor und Übersetzer Mut zusprechen, dessen Sprache, eine europäische Sprache, die von Millionen Menschen gesprochen wird, eine Sprache mit einer beachtlichen Literatur (auch wenn sie bei uns völlig unbekannt ist), zu verschwinden droht, oder vielmehr: droht, ausgemerzt zu werden, denn dieses Verschwinden ist kein natürlicher Prozess, sondern wird absichtlich herbeigeführt, und zwar nicht von feindlichen Mächten, sondern vom Staatschef und den Behörden Weißrusslands selber.

Dann hörte ich wieder seine Stimme. Noch leiser, noch heiserer als vorher. Er entschuldigte sich erneut für den Anruf. Das ist alles so absurd, sagte er schließlich, dann legte er auf.

Ich kann die Verzweiflung meines Bekannten verstehen. Weißrussland ist tatsächlich ein absurder Fall, wie aus einem politischen Alptraum. Es ist ein stalinistisches Freilichtmuseum, ein postsowjetisches Reservat, in dem sich aller Schrott sammelt, der vom zusammengebrochenen sowjetischen System übrig ist, Menschen und Institutionen. Obwohl nach allgemeinen Schätzungen rund 78 Prozent der zehn Millionen Einwohner Weißrussen sind, dominieren die russische Sprache und Kultur auf allen Gebieten. Nur etwa zwanzig Prozent der Kinder besuchen weißrussische Schulen, Tendenz rückläufig. Kinder, die schlecht Russisch können, gelten als zurückgeblieben – und ab in die Sonderschule. Es gibt in Weißrussland keine Universität, an der in weißrussischer Sprache unterrichtet wird, an ein Institut für weißrussische Philologie gar nicht zu denken. Ein solches gibt es an der Universität Wilna in Litauen, in Polen gibt es gleich vier (in Russland kein einziges!).

Der Diktator will das Land total russifizieren und jedes nationale Bewusstsein tilgen, was nicht einmal den Zaren oder Stalin gelungen ist, der in den dreißiger Jahren Hunderttausende Weißrussen, voran die Intelligenz, ermorden ließ. Und das alles, weil Lukaschenko in seinem Größenwahn davon träumt, als Führer einer neuen Sowjetunion in den Kreml einzuziehen. Aber vorher möchte er, ein kleines Einstandsgeschenk, aus der Bevölkerung seines Landes hundertprozentige Russen machen.

Was daran so absurd ist: Die Mehrheit der Bevölkerung scheint gar nichts dagegen zu haben. Nur etwa zehn Prozent fühlen sich bewusst als Weißrussen und sind bestrebt, ihre Sprache und Kultur zu erhalten, schätzt der bekannteste weißrussische Schriftsteller, Vasyl Bykau, der seit einigen Jahren im Ausland lebt, weil er zu Hause nicht mehr veröffentlichen kann. Die politische Opposition ist schwach und zerstritten. Eine reale Hoffnung ist vielleicht die neue oppositionelle Jugendbewegung namens »Zubr« (Bison), die vor den Wahlen in Demonstrationen und politischen

Happenings gegen die Diktatur protestierte. Die Polizei nahm in Minsk und anderen Städten Jugendliche in schwarzen T-Shirts fest, auf denen das Logo der Bewegung, ein Bison, und die Aufschrift »Sag zu dem Trottel – Nein!« prangten. Wie sie auf den Gedanken kämen, das sei gegen den Präsidenten gerichtet, fragten die Jugendlichen die Ordnungshüter. Die Bewegung vergleicht sich selber mit der serbischen »Otpor«-Bewegung, ohne allerdings auch nur annähernd deren Stärke zu erreichen.

Nach dem Gespräch mit meinem weißrussischen Freund suchte ich die Mappe mit Zeitungsauschnitten über das Land heraus. Sie ist dünn, die meisten Ausschnitte sind aus polnischen Zeitungen. In einer ist ein offener Brief von Stefan Bratkowski abgedruckt, einem der bekanntesten Journalisten des Landes, gerichtet an die Botschafter von zwanzig reichen Ländern in Warschau. Auch der österreichische Botschafter ist darunter. Der Brief stammt vom April 1997. Bratkowski macht dort den Vorschlag, der weißrussischen Kultur nachhaltig zu helfen, indem jedes dieser Länder in den nächsten fünfzehn Jahren die Übersetzung einiger der wichtigsten Werke seiner Literatur ins Weißrussische und deren Druck finanziert. Zu diesem Zweck sollte jedes Land einen oder mehrere junge weißrussische Übersetzer einladen und ausbilden.

Ich weiß nicht, was man in der österreichischen Botschaft in Warschau mit dem Brief gemacht hat. Vielleicht sind ja die österreichischen Beamten noch einen Schritt weiter gegangen, und im Außenministerium arbeitet man seither fieberhaft an einem Projekt, um umgekehrt auch hierzulande Übersetzer für die weißrussische Sprache auszubilden? Oder ist es naiv, an Trottelhaftigkeit grenzend, sich so etwas auch nur vorzustellen? *(2001)*

# Nachruf auf Reynaldo

*oder Wie wir am Sozialismus verzweifelten*

Kann man das Nostalgie nennen, was ich empfinde, wenn ich an das versunkene Schiff des realen Sozialismus denke, das in meiner Erinnerung die Buchstaben PRL auf dem Bug trägt, weil ich nun einmal den Großteil meiner Erfahrungen mit diesem System in Polen gesammelt habe? Zuerst in den sechziger Jahren, als Gomułka und die *mała stabilizacja* regierten, dann Mitte der Siebziger, Edward Gierek, *Propaganda sukcesu* und *Polak potrafi*, und schließlich in den späten achtziger Jahren, als das Schiff schon mächtig Schlagseite zeigte, obwohl das jähe Ende doch unerwartet kam. Wer hätte gedacht, dass die Leute, die das Schiff so lang mit schlafwandlerischer Sicherheit von einer Sandbank auf die nächste gesetzt hatten, so rasch aufgeben und fast widerstandslos die Brücke räumen würden?

Nein, Nostalgie ist es wohl nicht, obwohl ich mich manchmal in Gedanken dabei ertappe, dass früher vielleicht doch nicht alles so schlecht war, wie man heute glauben möchte: Zumindest um den Kulturpalast in Warschau standen damals keine Buden, und auch die breitschultrigen, stiernackigen, kurzgeschorenen jungen Männer fielen mir nicht so auf. Gab es die in jenen Zeiten überhaupt oder sind sie Mutanten, hervorgebracht durch eine genetische Veränderung, die den Goldgräberkapitalismus begleitet wie der hässliche Schorf die Krätze? Insgesamt möchte ich den damaligen Zeiten natürlich keine Träne nachweinen.

Dabei waren wir aus dem Westen ohnehin nur privilegierte Gäste, Zuschauer, die nie wirklich die negativen

Auswüchse zu spüren bekamen. Wir wurden bespitzelt, und das konnte schon lästig werden, doch unsere Existenz bedrohte das nicht. Unsere polnischen Freunde können ganz andere Geschichten erzählen. Die Propaganda mit ihren knarrenden Phrasen ging einem auf die Nerven, aber man durfte sich stets als Außenstehender fühlen, der nicht angesprochen war. Die Zensur war ein Ärgernis, aber wir waren höchstens Publikum.

Und schließlich waren wir auch Nutznießer dieses Systems mit seiner Mangelwirtschaft, die uns mit absurd niedrigen Preisen und günstigen Wechselkursen verwöhnte. Mein erstes Stipendium in Warschau, ich war damals 21, war kaum niedriger als das Gehalt meines Professors, der nicht viel angenehmer wohnte als ich im Studentenheim. In den Buchhandlungen standen Körbe bereit wie im Supermarkt, in die man sorglos Bücher stapelte, denn die kosteten nur Groschen; Vergnügungen waren rar, dafür billig; in Lokalen konnte es passieren, dass das gefürchtete Schild *piwa brak*, Bier ist ausgegangen, von der Theke her grüßte oder der Kellner rüde erklärte, alles sei voll – auf Wiederschauen, dort ist die Tür –, obwohl fünf Tische leer standen. Die Höhe der Rechnung war selten ein Problem; Kino, Theater, Konzerte – alles spottbillig.

Obendrein genoss man als westlicher Ausländer einen gesellschaftlichen Bonus, weil man irgendwie interessant schien, auch wenn man nichts zu sagen hatte, allein weil man einer privilegierten Minderheit angehörte. Adjektiva wie *zagraniczny* oder *zachodni*, ausländisch oder westlich, übten eine beinahe magische Wirkung aus, das galt nicht nur für Konsumgüter, sondern auch für uns, die von dort kamen – und diese positiven Vorurteile oft schamlos nutzten.

Wir wissen, wie tief solche Verhaltensmuster sitzen: Man braucht nur nach Bratislava zu fahren, sechzig Kilometer östlich von Wien, um zu beobachten, wie überheblich österreichische Kleinbürger in Restaurants und Geschäften auftreten, als wären sie im Bentley mit Chauffeur vorgefahren und nicht im rostigen Opel Kadett. Heute finden wir das so lächerlich wie abstoßend, aber Hand aufs Herz, waren wir völlig frei von solchen Allüren? Haben wir nie auf unsere Herkunft aus dem Westen gepocht, wenn es darum ging, einen Vorteil zu erlangen, und sei es nur ein Platz im Restaurant?

Rückblickend bewundere ich meine polnischen Freunde, die mich und meinesgleichen damals so freundlich ertrugen. Das dürfte ihnen gar nicht leicht gefallen sein, vor allem, weil wir auch begannen, sie ideologisch zu belehren oder abzukanzeln, da sie nicht links genug waren. Die Studenten aus den reichen Ländern des Westens gehörten in jenen Jahren mehrheitlich der Linken an, Trotzkisten, Maoisten-Leninisten, Eurokommunisten und wie die Spielplätze hießen, die sich in den Ländern des realen Sozialismus naturgemäß keiner besonderen Wertschätzung erfreuten, nicht nur von offizieller Seite. Es war einer der seltenen Fälle, in denen der so genannte Mann auf der Straße, die studentische Jugend inklusive, ähnlich dachte wie die da oben. Die einen hielten uns für gefährliche Umstürzler – welch schmeichelhafte Überschätzung –, denen man das Handwerk legen musste, die anderen betrachteten uns, realistischer, einfach als Schwätzer, die über etwas sprachen, von dem sie keine Ahnung hatten.

Zumeist störte uns das überhaupt nicht: Wir waren links, klar, aber wenn unsere polnischen Freunde davon nichts wissen wollten, war das kein Beinbruch, schließlich hatten wir gemeinsam viel Spaß, und das noch lange vor der Erfindung der Spaßgesellschaft. Wir vermieden es einfach, über Politik zu sprechen. Diese lässige Haltung legte ich an den Tag, bis ich Reynaldo begegnete, der mit mir eine Zeitlang ein Zimmer im Studentenheim in der Zamenhofa in Warschau teilte. Er brachte mich auf den richtigen Weg.

Reynaldo, ein überzeugter Marxist, der in Brasilien der Stadtguerilla angehört hatte, weshalb er von dort fliehen musste, war anfangs wenig darüber begeistert, dass man dem Neuankömmling aus Österreich das zweite Bett in seinem Zimmer zuwies. Ein paar Jahre hatte er allein gewohnt, aber gegen diese Zuteilung war er machtlos. Ich hatte Anspruch auf ein Bett, und in seinem Zimmer stand eines frei. Wir wurden rasch Freunde.

Anfangs glaubte ich, mein neuer Freund leide an einer seltenen Krankheit, die ihn zwinge, das Tageslicht zu meiden. Untertags schlief er und in den Nachtstunden ging er dem nach, was man pauschal Tagwerk nennt. Wenn ich aufstand, ging Reynaldo zu Bett und umgekehrt. Eine praktische Einteilung in meinen Augen, denn ich hatte das Zimmer meist für mich allein, wenn ich von dem schlafenden Reynaldo absah, der jedoch nicht weiter störte, hatte er mir doch gleich versichert, dass er einen ungewöhnlich tiefen, ja totenähnlichen Schlaf besitze, weshalb ich keine Rücksicht auf ihn nehmen müsse. Das machte unser seltsames Nebeneinander- oder besser Hintereinanderleben sehr angenehm. Es kam zu keinen Reibereien. Nur manchmal passierte es, dass ein Mädchen, das ich in mein/unser Zimmer gelockt hatte, beim Anblick des schlafenden Genossen jede weitere Annäherung zurückwies und sich kurz angebunden empfahl. Da half kein Hinweis auf die seltsamen Schlafgewohnheiten Reynaldos.

Mein brasilianischer Freund war ordentlich, ruhig und diskret. Er schrieb an seiner Doktorarbeit und besuchte meines Wissens keine Vorlesungen. Ob er sich je mit seinem Professor traf, kann ich nicht sagen. Eine Konzession machte er übrigens doch an die nächtlichen Stunden, er trug nämlich auch in der Nacht, die er zum Tag gemacht hatte, in der Regel einen Pyjama, was nicht weiter auffiel, weil er ohnehin kaum vor die Tür ging. Er lebe wie ein Mönch in seiner Zelle oder wie ein Maulwurf in seinem Bau, sagte Reynaldo über sich selbst. Manchmal nannte ich ihn daher *mole-monk*, Maulwurfsmönch. Wir sprachen Englisch, weil sein Polnisch dürftig war, dann lachte er und sah fast glücklich aus.

Die meisten Besorgungen erledigte ich für Reynaldo. Auf einen Zettel notierte er seine Wünsche: Milch, Brot, Butter, ein wenig Käse, das ist alles, besten Dank! Nur ab und zu wagte er sich zu einem nahen *sklep nocny*, einem Laden, der die ganze Nacht geöffnet hatte, und kam mit ein paar Flaschen Wein zurück, die wir dann zusammen tranken. Das gehörte zum Ritual, dem wir ein-, zweimal im Monat huldigten. Reynaldo kaufte immer dieselbe Marke, »Gellala«, ein trockener algerischer Rotwein, recht billig, aber trinkbar, ich sehe noch das Etikett vor mir, ein Frauenkopf von einem antiken Mosaik. Als wir einmal den Korkenzieher nicht fanden, zeigte uns ein Nachbar, ein tschechischer Student, den wir alle *Stanley the Czech* nannten, weil er ein paar Worte Englisch konnte, wie man den Korken herauskriegt, indem man mit dem Handballen auf den Flaschenboden schlägt. Ich komme ja aus einem Land, in dem ziemlich viel Wein getrunken wird, doch so etwas hatte ich noch nie gesehen. Zu meinem Bedauern muss ich gestehen, dass ich diese Fähigkeit wieder verlernt habe: Als ich kürzlich diesen Trick vorführen wollte, hätte ich mir beinahe die Handwurzel gebrochen.

Beim ersten der Trinkabende, die ziemlich gesittet, um nicht zu sagen melancholisch verliefen, klärte mich Reynaldo über seine ungewöhnliche Verhaltensweise auf: Diese habe nichts mit einer Krankheit zu tun, man könne eher von einer ideologisch bedingten Phobie sprechen, er sei nämlich nicht mehr imstande, die polnische Wirklichkeit zu ertragen, die Diskrepanz zwischen der kommunistischen Ideologie und dem Alltagsleben und Denken der Menschen bereite ihm förmlich körperliches Unbehagen, er bekomme alle möglichen Zustände, Nervenzittern, Durchfall, Schweißausbrüche …

Was die Politik anlangte, war Reynaldo, sonst sanft wie ein Lamm, kompromisslos und unerbittlich. Die politische Indolenz der Polen, wie er es nannte, trieb ihn in den Wahnsinn. Er ging daran regelrecht zugrunde. Nicht dass er etwas gegen die Polen hatte, keineswegs, er empfand tiefe Sympathie für sie, in unserem Zimmer hing ein Bild von Rosa Luxemburg, die er verehrte, er liebte Chopin und hatte sogar eine Zeitlang eine polnische Freundin gehabt, wie er mir anvertraute, die ihn allerdings verlassen hatte, als er sich zunehmend zurückzog und zu einem Maulwurf mutierte.

Reynaldo übte einen starken Einfluss auf mich aus: Er imponierte mir sehr, und ich versuchte es ihm gleichzutun. War ich politisch bisher eher lau gewesen, wurde ich nun zum Eiferer. Ich begann Rosa Luxemburg und andere marxistische Klassiker zu lesen, deren Werke ich wohlfeil im DDR-Zentrum in der Świętokrzyska erstand, stets gleich drei, vier Bände auf einmal. Aber ich wollte mehr, ich wollte auch meine polnischen Freunde überzeugen, obwohl mir Reynaldo das auszureden versuchte. Lass das, sagte er, das hat keinen Sinn, ich hab' es oft versucht, vergeblich. Ich wollte das nicht glauben, ließ nicht locker, brachte bei Begegnungen mit meinen Freunden das Gespräch immer wieder auf dieses Thema: Ja, die offizielle Politik ist Scheiße, aber der wahre Marxismus ... Was würde Rosa Luxemburg dazu sagen?

In Wien gehörte ich einer trotzkistischen Gruppe an, und wir hatten es uns zur Gewohnheit gemacht, zu jeder wichtigen Frage Ernest Mandel, den unbestrittenen Führer der Vierten Internationale, zu befragen, der regelmäßig angereist kam, um uns aufzuklären. Damals kamen die ersten Gastarbeiter nach Österreich, und wir fragten uns, wie wir als Trotzkisten diese Frage einschätzten sollten. Sollten wir sie, die meist aus Jugoslawien stammten, in unsere politische Arbeit einbeziehen? Lasst uns abwarten, beschloss die Führung, bis Ernest kommt, er wird sagen, was zu tun ist.

Bei meinen polnischen Freunden funktionierte der Hinweis auf Mandel nicht. Die meisten konnten mit seinem Namen nichts anfangen. Vierte Internationale? Danke, mir reicht schon die Dritte. Ich hatte Freunde, die sich für Jazz interessierten, für amerikanische Literatur, für japanische Haiku, für die französische Malerei, fürs Bergsteigen, für Autos, Kollegen baten mich, ihnen Non-Iron-Hemden mitzubringen, die man im Waschbecken wusch, *drip and dry*, und die damals Mode waren (wir selber hätten sie nie angezogen, da hätten wir uns gleich in Plastik wickeln können!), amerikanische Jeans, *Playboy*-Hefte, aber als ich einmal ein paar Broschüren von Mandel mit Herzflattern ins Land schmuggelte, interessierte sich keiner dafür. Es war zum Verzweifeln. Reynaldo triumphierte. Er hatte mich gewarnt, er habe daraus die einzig mögliche Konsequenz gezogen und der Wirklichkeit ein Schnippchen geschlagen, indem er die Augen verschließe. Kein wirklich marxistisches Rezept, aber wirksam.

Ich las weiter Rosa Luxemburg, dann auch Henryk Walecki, Adolf Warski, Leon Tyszka-Jogiches, exzerpierte fleißig, spickte meine Dissertation mit einschlägigen Zitaten, dass meinem Wiener Professor die Augen übergingen. Im Verlauf der Zeit flaute meine Begeisterung ab, die Wirklichkeit des realen Sozialismus wurde nicht besser, im Gegenteil, die Widersprüche verschärften sich, die bürokratische Führung entfernte sich zunehmend von der Arbeiterklasse, und wir hätten aufzeigen können, wie die Arbeiter darauf reagieren müssten, das hatte uns Ernest Mandel gelehrt, aber auf uns hörte ja keiner. In Polen ebenso wenig wie in Österreich. Auf die Dauer war das frustrierend. Die marxistischen Klassiker wurden öd, ich begann meinen Freund Reynaldo mit neuen Augen zu sehen, er erschien mir plötzlich verschroben. Dann bekam ich ein eigenes Zimmer. Wir blieben Freunde, aber Reynaldo wusste, dass er auf mich nicht mehr zählen konnte.

Ich habe Reynaldo später noch einmal getroffen. In der Schweiz. Er hatte wieder ein Stipendium, oder immer noch. Er war grau geworden. Er schrieb an einer großen Arbeit und unterrichtete daneben. Er führte ein normales Leben, jedenfalls trafen wir uns am helllichten Tag in einem Bistro. Wir hatten uns nicht viel zu sagen, daher sprachen wir über die alten Zeiten, über Warschau, unser Zimmer in der Zamenhofa, gemeinsame Bekannte … Zu meiner Überraschung wurden wir fast nostalgisch. Er sei immer noch Marxist, sagte er, aber in der Schweiz sei das Leben für einen überzeugten Marxisten, der das Ziel nie aus dem Auge verloren habe, nicht einfacher als in Polen. Er schien sich mit diesem Widerspruch arrangiert zu haben.

Ein paar Jahre später hörte ich von einem Bekannten, Reynaldo sei tot. Angeblich hatte er sich umgebracht. Oder er war einer Krankheit erlegen. In der Schweiz. Oder in Frankreich. Ich versuchte Genaueres in Erfahrung zu bringen, wenigstens eine Bestätigung für die Todesnachricht. Vergeblich. Alle Fäden waren abgerissen.

Reynaldo fällt mir jedes Mal ein, wenn ich an meine erste Begegnung mit dem realen Sozialismus denke. Ausgerechnet mein brasilianischer Freund Reynaldo, der davon nichts wissen, nichts sehen wollte. Doch in der Erinnerung vermischen sich die Bilder, als wären sie übereinander kopiert. Vielleicht nennt man das Nostalgie.     *(2002)*

# Schwule in Ljubljana

Sie hatten mit allem gerechnet. Mit knüppelschwingenden Polizisten, geifernden Parteigenossen, wilden Spießern, eingeschmissenen Fensterscheiben. Zumindest aber, davon waren sie überzeugt, würden die Leute auf der Straße mit Fingern auf sie zeigen und besorgte Mütter die Kinder ins Haus treiben: Bringt euch in Sicherheit, die Schwulen kommen!

»Ich hatte schon Leibwächter organisiert, die mich vor der Bürgerwut schützen sollten«, erinnert sich mein Gegenüber. Der Vierzigjährige mit dem sorgfältig gestutzten Vollbart und den modisch getönten Augengläsern sieht aus wie ein Alternativer, und genau das ist er auch: Bodan Lešnik ist Vorsitzender des Študentski kulturni centar (Studentisches Kulturzentrum), kurz Škuc, in Ljubljana und einer der Initiatoren der slowenischen Schwulenbewegung. Im Hauptberuf arbeitet er als Psychologe in einem städtischen Krankenhaus.

Wir sitzen in seinem engen Untermietzimmer in einem alten, abgewohnten Bürgerhaus im Stadtzentrum, das noch zur Zeit der Monarchie errichtet wurde. An den Wänden überquellende Bücherregale, auf dem Fußboden Bücherstapel, und wahrscheinlich enthalten auch die sich neben dem Schreibtisch türmenden Pappkartons Bücher. Neben der Tür hockt auf einem durchgesessenen Fauteuil ein Junge, der seit meinem Eintreten noch kein Wort gesagt hat, auf einem niederen Couchtisch vor sich ein Tablett mit Kaffeegeschirr und einer silbrig glänzenden Thermoskanne. Ob er einschenken dürfe, fragt er leise, Milch und

Zucker habe er schon hineingegeben, das sei doch in Ordnung? Mein Gastgeber nickt, ohne hinzuschauen.

Ich frage, wie das mit der Schwulenbewegung in Slowenien begonnen hat.

Bodan Lešnik lehnt sich zurück. »Im April des Vorjahres haben wir, eine Handvoll Freunde und ich, uns zum Coming out entschlossen. Wir hatten es satt, dass ein Thema, das man im Westen seit Jahren offen diskutiert, bei uns so tabuisiert wird. Das ist doch kindisch.«

Lešnik und seine Freunde organisieren in Ljubljana eine »warme Woche«, die sie nach dem fortschrittlichen deutschen Sexualwissenschaftler Magnus Hirschfeld benennen: Magnus, Homoseksualnost in kultura – Magnus, Homosexualität und Kultur.

Das Unerwartete, schier Unglaubliche tritt ein. Das erste Schwulenfestival in einem sozialistischen Land, bei dem homosexuelle Filme aus dem westlichen Ausland sowie heimische Fotografien und Graffiti gezeigt werden, löst keinen Skandal aus. Im Gegenteil. Die Ausstellungen und Diskussionen sind ein durchschlagender Erfolg. Bewundernd äußern sich Kritiker über die schwulen Graffiti des Laibacher Künstlers Dušan Mandić: »Black hole, black magic, all so tragic«, steht in schwarzen Lettern über einem nackten Jüngling, der sich zärtlich über einen erigierten Penis beugt. Auf einem anderen Graffito steht ein Penis, wie eine Haubitze nach oben gerichtet, in einem Wald von Kreuzen: »1968 is over, 1983 is over, future is between your legs.«

Viele Anregungen, das verraten die englischsprachigen Texte, kommen aus den USA und Großbritannien.

»Wir waren auf alles gefasst«, sagt Bodan Lešnik, rückblickend, »nur nicht auf Beifall.« Es klingt fast ein bisschen enttäuscht.

Ob sich niemand daran stoße, dass er, ein Vorkämpfer der Schwulenbewegung, gleichzeitig eine Institution wie das Škuc leite, die bei allen alternativen Projekten und Kunstformen, vom Straßentheater bis zur Punk-Band, Pate stehe? Ich denke an die angepassten Typen, die in meinen Studententagen in der österreichischen Hochschülerschaft herumwieselten, jeder eine Beamtenkarriere vor Augen. Mein Gastgeber schaut mich verständnislos an. Sogar die Medien hätten nur gute Worte gefunden. Die größte slowenische Wochenzeitung, *Teleks*, begrüßte das ungewöhnliche Treiben beinahe enthusiastisch und lobte den Mut der Initiatoren. Die blatteigene Ratgeberin für intime Fragen namens Helena, die Woche für Woche Verklemmten, Impotenten, Frigiden, Unfruchtbaren oder auch ungewollt zu Mutterglück Gekommenen tröstliche Worte und praktische Hinweise spendet, nahm die Schwulen sofort in ihre Rubrik auf. Als sich ein engherziger Bürger gegen die Briefflut ratsuchender Schwuler verwahrte und schrieb, es täte ihm leid, noch nie auf der Straße von einem *peder*, einem Warmen, angesprochen worden zu sein, er hätte ihn auf der Stelle eigenhändig erwürgt, las Helena ihm streng die Leviten. Mehr Toleranz, mein Lieber, auch Schwule sind Menschen wie du und ich.

»Die negativen Stimmen waren und sind eine seltene Ausnahme«, erklärt Bodan Lešnik. »Die Homosexualität wurde faktisch über Nacht akzeptiert. Plötzlich interessieren sich alle dafür, die Leute vom Theater, vom Film, die Literatur, es ist geradezu eine Mode.«

»In anderen Ländern Osteuropas hätte man euch schon dickere Knüppel zwischen die Beine geworfen«, unterbreche ich ihn. Mein Gastgeber lächelt geringschätzig und zuckt die Achseln. Was hat das schon zu bedeuten? Osteuropa! Die Slowenen fühlen sich als Westeuropäer und wollen nicht gern daran erinnert werden, dass sie, geopolitisch jedenfalls, zur anderen Hälfte Europas gerechnet werden, auch wenn Jugoslawien kein Mitglied des Warschauer Paktes ist.

Es ist eine traurige Binsenweisheit, aber in den Ländern des realen Sozialismus ist es mit der Befreiung des Menschen von den lästigen Fesseln kleinbürgerlicher Traditionen und Vorurteile nicht weit her. Überspitzt könnte man behaupten, dass Spießertum und Bigotterie in jenen Gesellschaften zu den tragenden Säulen der Staatsideologie zählen. Am Beispiel der Schwulen und Lesben lässt sich das eindrucksvoll demonstrieren.

In manchen Ländern, voran in der Sowjetunion, wird die Homosexualität schlicht als Missachtung der sozialistischen Moralvorstellungen gewertet und entsprechend streng bestraft. Das Strafregister reicht vom Kerker bis zur Einweisung in eine psychiatrische Klinik, zur »Umerziehung«. In anderen sozialistischen Staaten, wie etwa in Polen, Ungarn, der DDR und in Teilen von Jugoslawien, werden Schwule und Lesben stillschweigend geduldet, was freilich nicht heißt, dass sie nicht diskriminiert werden.

Jugoslawien stellt strafrechtlich einen Sonderfall dar. Was im verhältnismäßig liberalen und aufgeklärten Slowenien erlaubt ist, muss in anderen Teilrepubliken noch nicht statthaft sein. Das gilt für politische Diskussionen genauso wie für die Homosexualität. Während in Sarajevo und Belgrad regimekritische Intellektuelle vor Gericht gezerrt und eingekerkert werden, finden in Ljubljana öffentlich angekündigte Protestversammlungen statt, bei denen die staatliche Repression verurteilt wird, und selbst ranghöchste slowenische Politiker sagen ganz offen, dass Bücher nur durch Bücher bekämpft werden dürften, nie aber durch Gerichte.

In den Teilrepubliken Slowenien, Kroatien, Montenegro und der Autonomen Provinz Vojvodina haben Homosexuelle von Polizei und Gerichten nichts zu befürchten, in der anderen Landeshälfte hingegen, in Bosnien und Herzegowina, Serbien, Makedonien und der überwiegend von moslemischen Albanern bewohnten Autonomen Provinz Kosovo, setzt es Strafen bis zu einem Jahr Kerker.

In diesen Regionen herrscht ein Machismo balkanischer Prägung, der sich nicht nur im Strafgesetzbuch, sondern auch in den staatstragenden Partisanenlegenden, grimmigen Blut- und Hoden-Epen, niederschlägt. In dieser Welt der wahren Männer, so sollte man glauben, ist für Schwule kein Platz.

Zum Leidwesen der alten Partisanen, die noch heute in Jugoslawien in der Politik das Sagen haben, fühlen sich aber viele Schwule gerade von diesen Traditionen angezogen: Uniformen, rohe Gewalt, eine männerbündlerische Gesellschaft, was kann es Schöneres geben?

»Ich bin kein Patriot von der Sorte, der hinter der Fußball-Nationalmannschaft herrennt, und es ist mir wurscht, wer gewinnt oder verliert«, sagt Dario, Mitglied der Laibacher Rock-Gruppe »Borghesia« und einer der Veranstalter der »warmen Woche«. Sein Foto, im punkigen Outfit und grell geschminkt, ging durch alle jugoslawischen Blätter, sehr zum Entsetzen der alten Partisanen. »Ich bin auf andere Weise ein jugoslawischer Patriot. Ich bin zwar Kosmopolit, aber für die Partisanen kann ich mich echt begeistern. Das sind für mich die lichtesten Momente unserer Geschichte. Das ist ein wesentlicher Bestandteil der Rock-Kultur.«

Davon wollen die alten Haudegen nichts wissen, sie haben sich die jugoslawischen Jungmänner ganz anders vorgestellt. Wenn die Gruppe »Borghesia« in Ljubljana auftritt, kommt sie das helle Grausen an. Pfui! Halbnackte Jünglinge in Strapsen und schwarzen Nylons oder hohen Stiefeln, die sadomasochistische Spielchen miteinander treiben, einander fesseln und mit Lederpeitschen traktieren! Uniformierte Mädchen, die stramm wie KZ-Wächterinnen über die Bühne marschieren! Auf den Hintergrund projizierte Videoszenen, das fleischige Gesicht des Papstes, zum süßlichen Lächeln verzogen, Stacheldrahtzäune und Wachtürme, Sequenzen aus Hardcore-Pornos, und immer wieder marschierende Soldaten! Und dazu Texte, in denen die Männerliebe besungen wird!

»Er liebt scharfen Sex / muskulöse Hände / hohe Stiefel / Autorität / er betet / und fleht um den göttlichen Segen / er liebt scharfen Sex / das Pfeifen der Peitsche / Narben im Gesicht / Blut auf dem Altar / er fleht um den göttlichen Segen.«

Solche Töne rufen in Serbien und Bosnien blankes Entsetzen hervor, in das sich nationalistische Töne mischen. »Ein Glück, dass sich die Exzesse im fernen Slowenien abspielen«, schreibt Mirjana Bobić in der einflussreichen Belgrader Wochenzeitung *Intervju*, »so bleiben uns derartige Anblicke erspart. Mi smo Balkan, hvala bogu! Wir sind der Balkan, Gott sei Dank!«

In Ljubljana begegnet man dieser Kritik gelassen. »Totalitäre Regimes sind immer gegen eine offene Sexualität aufgetreten«, weiß Aldo, Mitorganisator der »warmen Woche«, treibende Kraft hinter »Borghesia« und Discjockey in der Gay Disko, die jeden Samstag im Klub »K4« stattfindet. »Sexuelle Abweichungen widersprechen jeder Ideologie«, sagt er, »gleichzeitig sind sie eine wichtige, wenn auch nicht die einzige Form der Selbstverwirklichung.«

Es ist Samstag Abend, und die Gay Disko in der Kersnikova, einer ruhigen Seitenstraße im Zentrum von Ljubljana, ist gerammelt voll. Die düster-rot gestrichenen Kellerräume sind spartanisch eingerichtet, ein paar Bänke auf hohen, dünnen Beinchen, ein paar Tische, an der Wand ein Schaukasten mit ausländischen Schwulenzeitungen.

Aldo erklärt, dass keineswegs nur Schwule aus Ljubljana und Umgebung kommen, sondern auch Gäste aus Zagreb, Belgrad, Sarajevo, manchmal auch Italiener aus dem nahen Triest. Auch Gäste aus Österreich seien willkommen.

Was Aldo kränkt, ist, dass nur wenige Lesben kommen. »Gott weiß, wo die stecken, wir wären froh, wenn mehr von ihnen da wären.« Die Gay Disko ist ein Überbleibsel der »warmen Woche«: Was damals als Experiment gewagt wurde, ist heute schon fast normal, ein fixer Bestandteil des keineswegs üppigen Vergnügungsangebots der slowenischen Metropole.

»Sicher, manche kommen Schwule schauen«, aber das stört Aldo nicht. Es ist jedenfalls besser, als den Klub nur für Gays offenzuhalten, das würde nur zu Tratsch führen. Das größte Problem ist momentan die Musik. Die eine Hälfte der Besucher möchte gern High Energy Music hören, die andere schwört auf Funk. Keine leichte Aufgabe für einen Discjockey, der seinen Job ernst nimmt, stellt Aldo bedauernd fest, aber solange es keine ärgeren Schwierigkeiten gebe, wolle er nicht klagen.

An der Wand im Treppenhaus steht »Pedri – Aids!« gemalt, mit einem fetten Rufzeichen. Schwule – Aids! Boshafte Warnung oder schadenfrohe Prophezeiung? Aldo zuckt die Achseln. Solche kleinen Stiche müsse man in

Kauf nehmen, die Schwulen seien nicht aus Zuckerwatte. Im Übrigen sei ihnen Aids nur vom Hörensagen bekannt, Krankheitsfälle seien bislang in Slowenien keine gemeldet worden.

Wir sitzen nebeneinander wie zwei Hühner auf einer der hohen Bänke und schauen in das Getümmel schwitzender Leiber, hoch fliegender Arme, weggespreizter Beine. »Schön ist es hier«, sagt Aldo. Ein blonder Junge in ausgebleichten Jeans und breiten Hosenträgern holt ihn zum Tanz. Mir dröhnt der Kopf von der Musik.        *(1985)*

# Titos verstoßene Enkel

## *New Wave in Ljubljana*

Die Karpfen von Trbovlje sind fetter als irgendwelche, die ich je zuvor gesehen habe. Man kann sie förmlich schnaufen hören, wenn sie sich schwerfällig im seichten Wasser bis an den Teichrand wälzen und ihre Mäuler nach der Hand mit dem Futter recken. Mein Begleiter hat kaum das Zellophansäckchen mit den Soletti aufgerissen und die ersten Stücke des salzigen Gebäcks ins Wasser geworfen, da beginnt die grünliche Oberfläche schon zu brodeln. Die verfressene Meute lauert offenbar immer gerade vor dieser Stelle des Ufers, wo ein paar roh gezimmerte Tische und Bänke um eine kleine Bude mit Erfrischungen stehen.

Die solettisüchtigen Karpfen sind sehenswert, kein Zweifel, aber sonst hat Trbovlje, eine aus den Nähten geplatzte Bergarbeitersiedlung, die ihre bäuerliche Vergangenheit nicht verleugnen kann, nicht viel zu bieten. »Es ist eine trostlose Gegend, aber ich liebe sie«, sagt Janez, mein Führer, mit einem Blick auf die steilen, bewaldeten Hänge ringsum, die den Ort, Zentrum des slowenischen Kohlenreviers, tief in das Nebental der Save gedrückt haben. Janez ist Sozialarbeiter in einem der Kohlenbergwerke und alle Menschen, die uns begegnen, grüßen ihn freundlich. Der Teich sei ein Treffpunkt der Grubenarbeiter, die hier gern nach der Schicht beim Bier säßen, erklärt er. »Die Arbeiter sind ganz vernarrt in die Fische«, fügt er hinzu und wirft eine letzte Handvoll Soletti unter die Karpfen.

Der Weg zum Karpfenteich hatte uns bergan durch eine alte, denkmalgeschützte Knappensiedlung – ebenerdige, langgestreckte Ziegelbauten, davor kleine Gemüsegärten – geführt, in der jetzt Gastarbeiter aus Kroatien, Serbien und Makedonien wohnen. Von der Anhöhe fällt der Blick auf eine qualmende Industrielandschaft, umstellt von schroffen Bergrücken, den Ausläufern der Steiner Alpen, die aus dem Save-Tal aufsteigen, als habe jemand zwei Bilder – eins vom Ruhrgebiet und eins von den Alpen – übereinander gelegt. Den Ort zerschneidet eine staubige Hauptstraße, die zur Erinnerung an einen Überfall benannt wurde, den am 1. Juni 1924 slowenische Faschisten auf streikende Bergarbeiter in Trbovlje verübt hatten; ein proletarisches Mahnmal gibt Auskunft, dass damals fünf Bergleute ihr Leben verloren.

Einen Vormittag brachte ich damit zu, allein durch die Stadt zu schlendern, hauptstraßauf, hauptstraßab. Als ich schließlich zum vierten oder fünften Mal an der Figurengruppe der Opfer vom 1. Juni vorbeikam, spürte ich Sand in den Schuhen. Ich hatte das Gefühl, Trbovlje gründlich zu kennen, und lenkte meine Schritte in die Gostilna »Rudar«, das Gasthaus »Zum Bergmann«, ein bescheidenes Etablissement, wo ich mit meinem Führer verabredet war, und bestellte eine Flasche Laški Rizling; der Weißwein war trocken, die Kellnerin hieß Julija und trug die blondgefärbten Haare hochgesteckt.

Als Janez auftauchte, eilte er schnurstracks auf mich zu. Das ausgemachte Kennzeichen, eine Zeitschrift, hatte ich zwar im Zug liegen lassen, doch wir waren die einzigen Gäste. Ob ich mich nur für die Gruppe »Laibach« interessiere, wollte Janez wissen. Ja, die habe hier in Trbovlje begonnen, sie sei ein Produkt dieser Stadt. »Hast du den Fernsehauftritt gesehen?«, fragte er leise und schaute sich vorsichtig um, als hätten die leeren Tische Ohren. Der Ort

gleiche einem Hornissennest, in das man einen Stock gestoßen habe; die Leute seien ungeheuer aufgebracht und
redeten nur mehr über »Laibach«. »Komm, gehen wir zum
Teich, dort kann man in Ruhe sprechen«, sagte er, als wir
auf die Hauptstraße traten. Mit Kohle beladene Lkws don-
nerten an uns vorüber, lange Staubfahnen nachziehend.

Es begann in dem Jahr, als Tito starb. 1980 gründen vier Jugendliche – Arbeitersöhne werden sie sich später nennen –
in der kleinen Bergbaustadt eine Rock-Gruppe, wie es in
Jugoslawien viele gibt. Die Musik ist vielleicht ein bisschen
ausgefallen: Mit selbstgebauten Instrumenten, einem Os-
zillator, einem Modulator, zwei alten Plattenspielern und
anderem technischem Kram erzeugen sie Klangbilder, von
denen Kritiker später schreiben werden, sie seien »die modernen Stammesrhythmen urbanisierter und industriali-
sierter Mitglieder der menschlichen Rasse«, »radikal sub-
versiv«, »bewusst entmenschlicht«. Die Eltern schütteln
die Köpfe, haben aber sonst nichts einzuwenden. Haupt-
sache, die Buben kommen auf keine dummen Gedanken.

Zum ersten Mal wird die Gruppe im September 1980
auffällig. In einer Nacht-und-Nebel-Aktion schlagen die
jungen Rockmusiker, der älteste ist 22, überall in Trbovlje
Plakate an, die eine künstlerische Aktion ankündigen. Die
Poster erinnern an Nazi-Kunst, und auch der Name, unter
dem die Gruppe an die Öffentlichkeit tritt – »Laibach« –,
weckt keine Begeisterung. Wie können slowenische Jugendliche, Partisanenkinder, sich nur »Laibach« nennen,
fragen die Menschen in Trbovlje, die mit dem deutschen
Namen der siebzig Kilometer entfernt liegenden Hauptstadt keine schönen Erinnerungen verbinden.

Auch in der Bergarbeiterstadt hatten die Deutschen

nach dem Abzug der italienischen Besatzungstruppen Ende 1943, Anfang 1944 ein Regime aufgezogen, das die Älteren so bald nicht vergessen werden. Das Dritte Reich brauchte Rohstoffe, Trbovlje hatte Zement und rüstungswichtige Kohle; die slowenischen Bergleute wurden zur Zwangsarbeit gepresst, manche starben im Gefängnis oder Lager, ganze Familien wurden ausgesiedelt. Und die nennen sich »Laibach« und machen Nazi-Kunst! Die Menschen in Trbovlje verstehen die Welt nicht mehr.

»Es war phantastisch«, erinnert sich Dejan Knez, einer der Initiatoren der Aktion, und seine Augen leuchten stolz. »Wir haben die ganze Stadt, alle Fabriken und Gruben, das ganze verdammte Tal mit unseren schwarzen Plakaten zugepflastert. Ein wüster Anblick!«

Das fanden auch die Behörden; sie argwöhnten, der Auftritt der jungen Gruppe mit dem suspekten Namen könnte Ruhe und Ordnung gefährden und den heroischen Befreiungskampf der jugoslawischen Nationalitäten gegen den Faschismus, ein Fundament der Staatsräson, verächtlich machen – und das in einer Stadt, die ohnehin als heikler Boden galt, seit hier 1958 unzufriedene Bergarbeiter den ersten Streik im sozialistischen Jugoslawien ausgerufen hatten. Der Auftritt wurde verboten und Trbovlje von den Plakaten gesäubert. Die staatlichen Organe verhielten sich, wie man es erwarten konnte: Ihre Gegenaktion war einkalkuliert gewesen und Teil des Plans.

Die Plakataktion habe keinen anderen Zweck gehabt, als Effizienz und Verteidigungsbereitschaft der Organe der Staatssicherheit und der »roten Bezirke« – man wolle nur an das Unglück im Jahre 24 erinnern, als die Faschisten die Arbeiter unvorbereitet trafen! – auf die Probe zu stellen, ließen die Laibacher wissen. Sie hätten die Aufgabe zufriedenstellend erfüllt. »Laibach« dankt. Noch im selben Jahr verließ die Gruppe Trbovlje und zog in die Stadt, deren Namen sie trägt.

Dejan Knez und Janez Novak, Laibacher der ersten Stunde, treffe ich im Haus von Freunden in Kodelevo, einem Villenviertel der slowenischen Hauptstadt. Beide sind Anfang Zwanzig, kahlgeschoren, dünn und zunächst sehr schüchtern. Knez ist Kunststudent, Novak Fabrikarbeiter, doch der Beruf habe nichts zu sagen. Auf meine Fragen beginnen sie eilig in einem Bündel Zettel zu kramen, die Novak aus einer grünen Armee-Umhängetasche, wie Meldegänger sie tragen, zieht, dann antwortet einer – er liest vom Blatt. Ein ermüdender Vorgang, den sie damit erklären, dass sie im Verlauf der Zeit endgültige Antworten gefunden hätten, die keiner weiteren Veränderung mehr bedürften. Ich fühle, wie meine Beine schwer werden, es war ein langer und heißer Tag.

Die Tasche aus grünem Leinen, an den Ecken mit Leder verstärkt, enthält das Archiv der Gruppe, das sie ständig begleitet, Fotokopien von Artikeln über und Gesprächen mit »Laibach«, das Organisationsprinzip, Fanzines, xerographierte Fan-Magazine, alles sorgsam geheftet und beschriftet. Bei manchen Antworten haben sie, wie in Bühnentexten, Pausen und Betonungen eingezeichnet – um unerwünschte Abweichungen und Variationen auszuschließen, erklärt Knez und zitiert. Punkt Eins des zehn Punkte umfassenden Aktionsprogrammes:

»›Laibach‹ arbeitet im Team (kollektiver Geist), nach dem Muster der industriellen Produktion und des Totalitarismus, das bedeutet: Es spricht nicht das Individuum, es spricht die Organisation. Unser Werk ist industriell, die Sprache politisch.«

Warum man sie Punker nenne, versuche ich sie aus der Reserve zu locken, auch vom Aussehen her hätte ich sie auf den ersten Blick eher für frisch eingezogene Rekruten gehalten. Und dann diese Ordnung. »Das hat keine Bedeutung«, sagt Knez irritiert, »wir machen Punk oder Rock, weil wir so ein Publikum finden, das sich manipulieren lässt.« Es sei ein kurioses Missverständnis, wenn man sie als Protestgruppe bezeichne – nichts liege ihnen ferner. Ihre Konzerte seien eine einzige Apologie des Regimes, dessen Sprache sie auch verwenden. »Wir singen das Loblied des Totalitarismus«, sagt er, und das könne man doch nicht als regimefeindlich auslegen. Wenn überhaupt, dann kritisieren sie nur, dass das jugoslawische Regime zu lasch sei, zu wenig totalitär, dass es die Illusion der individuellen Freiheit nicht mit Nachdruck zerstöre.

Eine Kritik, die kaum jemand teilt. Die meisten, mit denen ich darüber spreche, meinen, Regierung und Partei täten ihr Bestes und beschnitten die Freiheit, wo sie nur könnten: Journalisten würden gefeuert, Autoren verhaftet, Theaterstücke verboten … Nein, nein, über zu wenig Druck und Repression wollten sie nicht klagen; ihnen genüge es vollauf.

Während des Gesprächs ist die Dämmerung hereingebrochen und meine Freunde stellen, berührt von der Magerkeit der beiden, einen großen Teller mit Aufschnitt und Käse auf den Tisch; der Riesling kommt aus der Gegend von Jeruzalem, einem kleinen slowenischen Weinort, der seinen Namen Kreuzfahrern verdankt, die hier auf dem Weg ins Heilige Land hängenblieben.

Wie sie ihre Mitglieder rekrutieren, möchte ich wissen, das Organisationsprinzip – vor mir liegt ein kompliziertes Schema von Räten und Organen – stelle doch große personelle Anforderungen. Das Schema an sich sei bedeutend, wendet Knez ein, die Mitgliederzahl nicht so wichtig. »›Laibach‹-Kunst ist ein alles umfassendes Prinzip. Wer sich mit der industriellen Produktionsweise identifiziert, wird automatisch Mitglied«, kommt Novak dem Freund zu Hilfe; er kaut an einem Schinkenbrot. Knez ist Vegetarier und hält sich an Käse. Die siebenjährigen Zwillinge meiner Freunde lugen vorsichtig ums Eck und stieben dann davon: »Pankovci! Pankovci!«, hört man sie kreischen. Sie schütten sich aus vor Lachen.

Die beiden sind durch die kindlichen Heiterkeitsausbrüche sichtlich aus der Fassung gebracht, bemühen sich aber, nichts merken zu lassen. Sie tragen grüne, verblichene Militäruniformen – aus jugoslawischen Armeebeständen – und hohe, schwere Schnürschuhe; an der grauen Bluse einen selbstgemachten Anstecker mit einem schwarzen Kreuz in der Mitte, das mich an den Verein für Kriegsgräberfürsorge erinnert. Es ist das Zeichen von »Laibach«, das sie, mit einem stilisierten Zahnrad herum, auch als Stempel verwenden.

In der Anfangsphase, in Trbovlje, hätten sie schwarze Monturen getragen und auffallende Haartrachten, einen Irokesen etwa – Novak erinnert sich voll Nostalgie an die frühe Kampfzeit; diese billigen Provokationen hätten ihnen Schwierigkeiten mit der Polizei eingetragen; heute hätten sie das nicht mehr nötig, ihr Image sei streng militärisch. »Freilich, auch das gibt Anlass zu Missverständnissen. Immer wieder schreiben Journalisten, dass wir Nazi-Uniformen tragen.«

Ungefähr zur selben Zeit, als die Gruppe von Trbovlje nach Laibach übersiedelt, taucht hier eine andere Punker-Band auf, die sich »Viertes Reich« nennt – an Laibacher

Hauswänden erscheinen Hakenkreuze und entsprechende Parolen. Die Medien schäumen. Schande, Provokation, Beleidigung der Opfer des Faschismus. Drei Mitglieder der obskuren Gruppe, alle blutjung, werden verhaftet, dann verliert sich ihre Spur, der Rest ist Legende. Die einen meinen, es sei nie zum Prozess gekommen, andere sagen, die Punker säßen heute noch hinter Gittern.

Sicher ist nur, dass dieselben Leute damals auch andere Parolen sprayten – manche glauben sich zu erinnern, »Bullen sind Schweine« und »Nieder mit der roten Bourgeoisie« gelesen zu haben. Titos Enkel haben von der ritualisierten Partisanenverehrung, mit der sie bis zum Überdruss gefüttert wurden, die Nase voll; es drückt sie aber auch Zukunftsangst vor Arbeitslosigkeit und Akademikerschwemme; selbst in Slowenien, der reichsten Republik mit den niedrigsten Arbeitslosenziffern, ist mehr als die Hälfte der Jobsuchenden unter 26.

Von Laibach breitet sich die Plage epidemisch aus. Zuerst werden befremdliche Vorfälle aus Svetozarev gemeldet, dann aus Ivangrad, schließlich aus Subotica in der autonomen Provinz Vojvodina. Im März 1983 werden hier der 29-jährige Arbeitslose Dragail Čović und der 21-jährige Arbeiter Gabor Kukla vor Gericht gestellt und zu ein paar Wochen Haft verurteilt. In ihrer gemeinsamen Wohnung entdecken die Sicherheitsorgane eine Kollektion von Nazi-Andenken, selbstgefertigte Hakenkreuze, Hitler-Poster; ein dritter Mitbewohner, von den Freunden Himmler genannt, ist minderjährig und geht straffrei aus.

Das Trio hat versucht, in Subotica, wo neben Serben und Magyaren auch viele Zigeuner leben, eine Art Hitlerjugend aufzubauen. In flammenden Reden wird der Tod Hitlers beklagt, der habe schon gewusst, wie man mit

Juden und Zigeunern verfahren müsse. Bei Ausmärschen kommt es vor, dass die Anhänger – junge Arbeiter und Schüler – vor den Führern in aller Öffentlichkeit die Hacken zusammenschlagen und »Heil Hitler!« brüllen oder auch »Smrt narodu, sloboda fašizmu« (Tod der Nation, Freiheit für den Faschismus) – umgedreht war das die traditionelle Parole der Partisanen.

Ungarische Touristen, die nach Subotica kommen, werden mit Zurufen in ihrer Muttersprache – Kukla ist Ungar – geschockt: »Es lebe Horthy Miklós!« Die Hochrufe auf den ungarischen Reichsverweser und Verbündeten Hitlers in einem sozialistischen Staat lassen die Ungarn zweifeln, ob sie im richtigen Land sind.

Es ist paradox, aber das Dritte Reich ist heute bei manchen Jugendlichen in dem Land, das sich, neben der Sowjetunion, als einziges aus eigener Kraft vom Faschismus befreien konnte, in Mode. Ein junger Soziologe erklärt das schwer begreifliche Phänomen: Zum einen komme darin ein Jugendprotest zum Ausdruck, wie er sich überall finde, zum anderen suche die Jugend des Vielvölkerstaates, geschockt durch den Tod von Übervater Tito, vielleicht auch unbewusst, nach einem neuen, starken Führer.

Die deutsche Mode treibt seltsame Blüten. Eine bekannte Rock-Gruppe in Maribor nennt sich »Berliner Mauer«; in der Laibacher Disco »FV« läuft gerade ein Videoprogramm mit dem für Deutschunkundige schwer verständlichen Titel »Ein bisschen Krieg«; die Gruppe »Ofenziva« begeistert ihre Fans mit einer eigenwilligen Version der Wehrmachtsschnulze »Lili Marleen« – zu dem bekannten Ohrwurm, der oft sangesfreudige deutsche Jugoslawienurlauber in Schwierigkeiten gebracht hat (das Absingen wurde von der Polizei mit saftigen Geldstrafen geahndet), kreischen die Jungen den Text eines populären slowenischen Partisanenliedes.

Als die Sicherheitskräfte dem Nazi-Spuk in Subotica schließlich ein Ende bereiten, geht die große Suche nach den Verantwortlichen los. Die Zagreber Wochenzeitung *Danas* stellt die bange Frage, warum sich Hitler ausgerechnet »in unsere Gasse verirrte« und wo die Partei gesteckt habe – habe die geschlafen, oder was? Es gelte, die Wachsamkeit zu verdoppeln, denn Punk und Hitler gingen leicht Hand in Hand.

»Wir sind hier in einem Bezirk, wo es mehr Punker pro Quadratkilometer gibt als sonstwo in Jugoslawien«, sagt Alenka Puhar, eine dunkelhaarige, aparte Schriftstellerin mit rauchiger Stimme, und lässt den Arm einen Bogen beschreiben, der imaginär das Villenviertel Kodelevo einschließt. Wir sitzen im Garten meiner Freunde und schauen entspannt in einen friedlichen Abendhimmel, über den ein paar späte Schwalben flitzen. Stille. Friede. Eine Gegend mit dichter Punker-Population hatte ich mir anders vorgestellt. Doch, ja, nur ein paar Häuser weiter übe eine Gruppe, beharrt Alenka, der Name sei ihr leider entfallen, aber ihr Bruder könne mir helfen, der kenne sich aus bei den Laibacher Punkern. »Er schreibt Texte für die Gruppe ›Pankrti‹.« *Pankrt* sei ein deutsches Lehnwort und bedeute Bankert, fügt sie hinzu.

Am nächsten Nachmittag bin ich mit ihrem Bruder verabredet. Wir haben am Küchentisch Platz genommen. Er kocht Kaffee, obwohl es angeblich seit Monaten keine Bohne zu kaufen gibt. Trotzdem trinken alle Kaffee, früh, mittags und abends. Unmengen. Die jugoslawische Krise sei voller Geheimnisse, kommentiert Gregory (der hauptberuflich in einem städtischen Forschungsinstitut arbeitet) gelassen die wunderbare Genussmittelvermehrung. Wer Fragen stellt, erfährt bald, dass der Krisenalltag ein reiches Feld für Anekdoten und Legenden ist, die von Unmöglichem berichten.

»Laibach hat eine lebhafte Szene«, beginnt Gregory die Beschreibung einer Situation. Die Jugend habe mit der offiziellen Politik nichts im Sinn und glaube, im Punk eine autonome Selbstverwirklichung zu finden. Er führt mich behutsam durch die lokale Szene und nennt Namen, die im farbigen Underground der slowenischen Hauptstadt etwas gelten. Von Novi rock ist die Rede, von der Gruppe »Okult«, die so etwas wie einen soz-realistischen Punk zu machen versuche, von den »Pankrti« und immer wieder von »Laibach«, die Gregory nicht zum Punk rechnen will. »Die sind nicht einzuordnen.«

Er steht auf und holt aus dem Kühlschrank ein Bier. Ob ich auch ein Glas möchte? »Laibach« habe ein totales Image des Auftretens entwickelt, fährt er fort und wischt sich den Schaum von der Lippe, in enger Verbindung zur Concept art, ein bisschen Dadaismus, ein wenig Duchamp; das habe auch das Interesse der Intellektuellen geweckt, die ja für gewöhnlich der Jugendkultur mit höflichem Desinteresse gegenüberstünden. Er lächelt ein bisschen unglücklich. »Aber für die Gedichte von ›Laibach‹ haben sich die Kritiker richtig begeistert; sie loben ihre Schlichtheit, ihren Mut.« Erst kürzlich habe sogar die Kulturzeitschrift *nova revija* der Gruppe eine drittel Nummer gewidmet, das sei schon etwas; niemand Geringerer als Taras Kermauner, für viele der wichtigste slowenische Kritiker, für andere allerdings bloß ein notorischer Vielschreiber, habe dort über das Phänomen »Laibach« geschrieben.

Ich finde später in einer Buchhandlung im Zentrum das Heft. Die ersten Nummern seien immer sofort vergriffen gewesen, sagt eine freundliche Verkäuferin mit blondem Rossschwanz und Sommersprossen, als ich meine Bitte in stockendem Slowenisch vortrage, aber die Aufregung sei vorbei, jetzt blieben die Hefte liegen. Sie holt die gesuchte Nummer. Was mich denn interessiere? Was? »Lai-bach«? Ungläubig dehnt sie das Wort. Die seien doch nicht normal, gefährliche Spinner. Ja, sie habe einen Auftritt gesehen, »Konzert« hätten sie es genannt – sie spricht es aus, als handle es sich um Schweinkram –, das habe ihr gereicht. Narren seien das!

»Hab' ich nicht recht, Herr Tone?«, wendet sie sich an ein schmalbrüstiges, grauhaariges Männchen in einem altmodisch geschnittenen Anzug, das aufmerksam unserem Gespräch gefolgt ist. Es sei in der Tat eine Schande, bestätigt das Männchen, eine Beleidigung für die zahllosen Opfer. »Ich habe selbst bei den Partisanen gekämpft«, sagt es dann nicht ohne Pathos, »ich begreife nicht, wie jemand das, wofür seine Eltern geblutet haben, so beleidigen kann.« Herr Tone fällt wieder in einen normalen Gesprächston zurück und erkundigt sich, woher ich komme. Ach, aus Wien?! Er strahlt und spricht plötzlich ein perfektes, etwas knarrendes Deutsch. »Ich kenne den Artikel von Kermauner«, greift er das Thema wieder auf, »intelligent, aber ein Schmarrn.« Ob er mich zu einem Kaffee einladen könne?

Wir gehen über einen mit holprigem Kopfsteinpflaster bedeckten Platz und treten in eine schmale Bar, die ganz mit Holz vertäfelt ist. Herr Tone grüßt höflich nach allen Seiten und bestellt zwei kleine Schwarze und Vinjak. An den Tresen gelehnt, lässt er seinem Zorn freien Lauf.

Er habe gewiss Verständnis für die Jugend und selbst

Kinder, aber was die so genannten Laibacher trieben, das gehe zu weit. Und Kermauner, dieser Esel, rühme sie noch, ihre provokanten Lieder, die, scheinbar geschrieben im Geiste eines Nazi-Stalinismus – »was heißt da scheinbar?« –, die offiziellen politischen Parolen ironisierten. Herr Tone blättert im Heft. Da, Kermauner schreibe, dass ja nicht die Laibacher oder andere Künstler, wenn sie auch noch so provozierten, im Lande Unordnung säten – das besorgten vielmehr die lokalen Machthaber mit ihrem kleinlichen Gezänk. Das sei richtig, aber das gebe niemandem das Recht, den Faschismus zu verherrlichen. Und da, ein Gedicht, in dem diese Lausbuben dem polnischen General mit der dunklen Brille ihre Reverenz erwiesen.

Er liest es slowenisch, so laut, dass ein paar Umstehende aufmerksam werden. »Jaruzelski: General Jaruzelski hat den 31. August zum Tag der Arbeit und des Friedens ernannt / Er betont: / Die Macht / ist vielleicht nicht sympathisch / aber sie ist der einzige unsterbliche Weg / um Frieden und Stabilisierung zu sichern.« Sei das nicht eine Aufforderung an einen jugoslawischen Jaruzelski, die Macht zu übernehmen und Ordnung zu schaffen? Er ist richtig wütend und knallt das Heft auf den eichenen Tresen.

»Wir brauchen keinen Jaruzelski«, mischt sich ein stämmiger Arbeiter in blauer Latzhose ein. Der Wirt, der bis jetzt stumm hinter seiner Kaffeemaschine gestanden ist, lächelt säuerlich. Er sei sich da nicht so sicher.

Über die Möglichkeiten einer polnischen Option wird in diesen Tagen in Jugoslawien viel gesprochen; die Armee, so bekomme ich immer wieder zu hören, ist vielleicht die einzige Kraft, die dem schleichenden Chaos gegensteuern und die verschiedenen Nationalismen – Serben gegen Kroaten, Albaner gegen Serben, Moslems gegen nichtmoslemische

Jugoslawen –, die das Land zu zerreißen drohen, bändigen kann. Auf den Einwand, dass mehr Armee auch weniger Freiheit bedeute, nicken die Leute bekümmert, als sei die Rede von einer Krankheit mit sicherem letalem Ausgang. Das Selbstverwaltungssystem, einst stolzes Vorzeigmodell und eine große Hoffnung für westeuropäische Linke, ist verknöchert und unansehnlich geworden; Pessimisten meinen sogar, es stecke dem Land wie ein Knochen im Hals. Nichts geht mehr. No future.

»Hast du vielleicht etwas Süßes?« – Ein blechernes Scheppern im Vorgarten und dann schwere Tritte auf dem Betonweg melden die Ankunft der beiden Laibacher. Sie sind mit Fahrrädern gekommen, die sie ans Gitter neben der Einfahrt gelehnt und mit einer soliden Kette gegen Diebstahl gesichert haben. Ja, mit der Ehrlichkeit der Menschen sei es nicht weit her – Dejan Knez schüttelt den Kopf.

Beim ersten Besuch hatten sie dem Farbfernseher meiner Freunde, einem japanischen Modell, wortreich Bewunderung gezollt und dann, schon im Aufbrechen, die Bitte vorgetragen, ob sie hier die Aufzeichnung ihres ersten Fernsehauftritts, eines zwanzigminütigen Gesprächs, das ein Journalist mit ihnen im Studio geführt habe, ansehen könnten; es sei sehr wichtig, vielleicht bedeute es ihren Durchbruch.

Jetzt haben sie Lust auf etwas Süßes. Ich bin ratlos. Meine Freunde haben wieder belegte Brote gerichtet, Wein eingekühlt, dann sind sie ins Theater verschwunden – an Süßigkeiten hat keiner gedacht. Ich krame in allen Küchenkästen. Dunkel glaube ich mich zu erinnern, erst heute die Zwillinge Schokolade essen gesehen zu haben. Wo kann das Zeug stecken? Schließlich entdecke ich im

Eisschrank einen Krug mit Heidelbeeren. Ob sie die vielleicht, mit etwas Zucker?

Genussvoll süße Beeren löffelnd, sitzen die beiden artig auf der Wohnzimmercouch und warten auf ihre Sendung. »Wir sind die erste Fernsehgeneration Jugoslawiens«, sagt Knez, es klingt wie ein Glaubenssatz. Das elektronische Medium biete jede nur erdenkliche Möglichkeit, durch geschickt gesteuerte Manipulation die Massen zu beeinflussen und den schönen neuen Menschen zu schaffen, ein Fließbandprodukt, ohne individuelle Merkmale. Knez hat seine Heidelbeeren aufgegessen und gerät ins Schwärmen. »Auch ›Laibach‹ bedient sich aller Mittel und Wege der Manipulation und Propaganda, die uns offen stehen, daher ist das heute ein historisches Datum«, sagt er triumphierend, »›Laibach‹ erstmals auf dem Bildschirm.«

Musik. Signation: *Tednik* (Wochenschau). Zwei verwandte Themen. Slowenische Minderheit in Triest, schutzlos den Angriffen neofaschistischer Fanatiker ausgesetzt, und ideologische Wühlarbeit zu Hause: »Laibach«-Kunst. Die beiden Laibacher auf der Couch neben mir können eine gewisse Befriedigung nicht verhehlen: dass ihr Beitrag nach einem Film über Neofaschisten gegen Slowenen in Triest gesendet werde, sei eine klare Manipulation und ein Beweis für die Bedeutung, die man ihnen zumesse. Zuerst die bösen Faschisten jenseits der Grenze, die die slowenische Minderheit am liebsten aus dem Lande trieben, dann die schlimmen Laibacher, die zu Hause Wühlarbeit leisteten. Eines stört sie: Sie nehmen als selbstverständlich hin, dass manipuliert wird – »das geht in Ordnung, wer die Macht hat, der hat das Sagen« –, aber dass es so plump geschieht, kränkt sie. Sie sind vom Medium enttäuscht. Die kochen auch nur mit Wasser.

Mit den Triestiner Slowenenfressern ist nicht viel los. Dünne Reihen, schlaffe Bäuche, kreischende Stimmen, mehr Polizisten als Neofaschisten. Nicht einmal eine geschickte Kameraführung und ein beschwörender Kommentar des slowenischen Sprechers können eine bedrohliche Stimmung herbeizaubern.

Schnitt. Wieder Signation. Die gute Stube meiner Freunde füllt sich mit der besorgten Stimme eines Interviewers namens Jure Pengov, der Ratlosigkeit ausstrahlt. Ihm gegenüber fünf reglose, kahlgeschorene Gestalten in Uniform, in einer Reihe sitzend, bemüht dämonische Blicke. Im Hintergrund eine Wand mit schwarzen Plakaten, an Nazi-Kunst erinnernd. »Laibach«-Kunst.

Was solle denn dieses Geschwätz vom erstrebenswerten Totalitarismus, fragt Jure Pengov im Verlauf des Gesprächs, das sich monoton hinzieht, sei das nur eine kindische Pose, oder bereite es ihnen ein masochistisches Vergnügen, die Menschen in Slowenien mit ihrer so genannten Kunst zu provozieren und Staatsfeind Nummer eins zu spielen?

»Die Kunst ist eine erhabene Berufung, die des Fanatismus bedarf«, weist ihn der Gruppensprecher zurecht, er liest die Antwort vom Zettel. »Laibach« sei ein Organismus, dessen Leben und Ziel um vieles wertvoller sei als Leben und Ziel der einzelnen Mitglieder. Was »Laibach«-Kunst betreffe – diese verabscheue Pose, Provokation und Ironie, sie wolle die Wahrheit zeigen, wie sie ist. Echte Kunst sei nun einmal totalitär. Die Kamera schwenkt auf den kahlen Schädel von Janez Novak, der aufgeregt auf der Couch hin und her wetzt.

Und die Freiheit der Kunst, wo bleibe die im Totalitarismus? Die Stimme des Interviewers wird schriller, man glaubt die Verzweiflung über den entnervenden Verlauf des Gesprächs herauszuhören. (Und was, wenn man am Ende ihm, dem Gestalter der Sendung, Vorwürfe machen wird, weil er zwanzig kostbare Fernsehminuten für diesen organisierten Wahnsinn verschleudert hat?) Die künstlerische Freiheit sei ein frommes Märchen, lässt ihn der Gruppensprecher abblitzen, damit müsse Schluss gemacht werden.

Der Interviewer ist ratlos und äußert schließlich nur mehr den Wunsch, es möge sich bald jemand finden, der diesem gefährlichen Unfug ein Ende bereite. Noch einmal die reglosen Laibacher in der Totale; der Rücken Pengovs. Schnitt. Eine hübsche Sprecherin kündigt den Abendfilm an.

»Der letzte Satz war nicht abgesprochen«, erregt sich Novak, der wie aus Trance erwacht, »den hat der Gauner später dazugeschnitten, um sich abzusichern.« Aber gleich ist er wieder versöhnt und beglückwünscht mich. Ich sei heute Zeuge einer einmaligen, unwiederholbaren Darbietung geworden, die, er sei sicher, in »keinem anderen sozialistischen Land möglich« gewesen wäre – »Laibach«-Kunst eben. Knez und Novak stehen wie Gratulanten vor mir. Beim nächsten öffentlichen Auftritt, in einer Woche, wollten sie diesen letzten Satz ins Programm einbauen. Ich müsse unbedingt kommen, nach der heutigen Sendung werde das Konzert ausverkauft sein, doch er verspreche, eine Karte wegzulegen.

Aufgekratzt laden sie mich ein, in einem privaten Videostudio noch ein paar Bänder von früheren Auftritten anzuschauen. Die Nacht ist warm und über Kodelevo steht ein rotgelber Mond; als wir ins Freie treten, fallen Gelsen über uns her.

Das Studio liegt im zweiten Stock eines Wohnblocks aus den dreißiger Jahren mitten im Zentrum; ein kahles Vorzimmer, dann ein großer Raum, vollgestellt mit Arbeitstischen und Regalen, darauf verschiedene komplizierte Apparate, Kassetten, sechs Fernsehgeräte verschiedener Marken. Mitten im Raum eine Kamera auf einem Stativ, aufnahmebereit auf einen Bildschirm gerichtet, daneben zwei Filmlampen auf eisernen Füßen. Ein junger, hochaufgeschossener Mann, den sie Maks nennen, begrüßt uns.

Ob er die Sendung aufgenommen habe, wollen die Laibacher, noch in der Tür, wissen; er nickt und schiebt eine Kassette in einen Videorecorder. Es läuft die Sendung ab, die wir gerade gesehen haben. Novak und Knez sind begeistert und quittieren jetzt den letzten Satz, der sie vorher kurz verstimmt hat, mit schallendem Gelächter, in das Maks einstimmt.

Hast du verstanden?, fragen sie, und Novak schreibt den Satz, den er inzwischen memoriert hat, in mein Notizbuch, zwecks Dokumentation, wie er sagt.

Maks schiebt eine neue Kassette ein. »Vom Konzert in Zagreb im April dieses Jahres«, sagt Knez nach den ersten Kadern, auf denen außer Wellenlinien nichts zu erkennen ist. Dann erscheint ein uniformierter Typ am Bildschirm, in unverkennbarer Duce-Pose, das massige Kinn trotzig vorgestreckt; eine Bühne; Großaufnahme Gesicht: über die linke Wange läuft ein dünner Faden Blut. »Stark!«, »Schön!«, die Laibacher äußern Begeisterung. Der Sänger der Gruppe, Ivo Saliger, informieren sie mich, sei während des Konzerts durch einen Flaschenwurf aus dem Publikum verletzt worden, er habe jedoch weitergesungen.

Ich rufe mir die Kritiken des Zagreber Konzerts in Erinnerung, die ich in Zeitungen und Zeitschriften gefunden habe. Da ist von frechen Provokationen die Rede, von Angriffen auf die Freiheit der Kunst, von Anklängen an den Nazi-Faschismus, aber auch von einer Rauferei und unerhörten Pornoszenen. Die Gruppe »Laibach«, urteilte ein Gewerkschaftspräsidium, habe eine anarchische Hoffnungslosigkeit zum Ausdruck gebracht, die es in einer sozialistischen selbstverwalteten Gesellschaft nicht geben dürfe. Auftritte wie dieser seien zu verbieten.

Besonderen Anstoß erregte, dass während des Konzerts Kader aus einem Pornostreifen an die Wand projiziert wurden, dazu tönten Ausschnitte aus Reden von Tito. In der Videoaufzeichnung sieht die Szene – ein weit geöffneter Frauenmund, dem sich ein erigierter Penis nähert – harmlos aus, die unterlegte Stimme ist auf Grund der schlechten Wiedergabequalität nicht zu verstehen.

Als wir das Studio verlassen, ist es kurz vor Mitternacht. Janez läuft ausgelassen mit knallenden Stiefeln die Stiege hinunter – plötzlich setzt er mit langen Sprüngen wieder herauf und geht hinter uns in Deckung. »Pes! pes!«, ruft er, ein Hund!, und packt Dejan schutzsuchend am Ärmel. Auf halber Höhe ist ihm ein braunschwarzer Schäferhund entgegengekommen, der, kurzatmig, vor zwei alten Damen die Treppe heraufsteigt. Auch das Tier scheint über die Begegnung mächtig erschrocken und saust mit eingeklemmtem Schwanz die Stufen hinunter, um hinter den Frauen Schutz zu finden. Sie beruhigen den Hasenfuß, streicheln und tätscheln ihn, während sie uns grimmige Blicke zuwerfen.

Das arme Tier so zu ängstigen. Janez und der Hund schleichen mit abgewandtem Blick aneinander vorbei.

Als ich später den Vorfall und das Haus meinen Freunden schildere, wissen sie gleich, von wem die Rede ist. Die

ältere der beiden Damen sei eine geschätzte Theaterkriti-
kerin, die ihren Hund überallhin mitnehme, selbst ins
Theater oder Konzert, das er wohlerzogen und still über
sich ergehen lasse. Vielleicht habe der ständige, für einen
Vierbeiner ungewohnte Kunstgenuss ihn verweichlicht
und besonders sensibel gemacht. Der Hund heiße übrigens
Oki.

Am nächsten Tag kehre ich nach Wien zurück.

Bevor wir uns trennten, hatte Dejan Knez mir seinen Anstecker mit dem Kreuz von Laibach geschenkt; ich dürfe
diesen nur auf Weiß, Schwarz oder Grau tragen, niemals
auf einem bunten Hemd, hatte er mir eingeschärft, dann
hatten sie mir die Hand geschüttelt und waren mit fröhlichen Rufen auf ihren Rädern im Dunkeln verschwunden.

Für die Fahrt hole ich mein letztes sauberes weißes
T-Shirt aus dem Koffer. Der jugoslawische Beamte am
Grenzübergang schaut flüchtig in meinen Pass, dann bleibt
sein Blick auf dem Anstecker hängen; er verlangt nochmals
den Pass und zieht ein dickes, abgegriffenes Buch hervor, in
dem er zu blättern beginnt. Nach fünf Minuten vergeb-
lichen Suchens bedeutet er mir, weiterzufahren.

Zurück in Wien, erhalte ich Nachricht von meinen
Freunden. Das angekündigte Konzert von »Laibach« sei
ohne Angabe von Gründen abgesagt worden. Vielleicht
werde es später nachgeholt, das sei aber keineswegs sicher.
Sie hätten auch Oki gesehen, dem gehe es gut.    *(1984)*

# Baja

*Redliche Menschenhändler*

Auf dem weiten Platz vor dem Hotel »Duna«, einem zweistöckigen, lindgrün gestrichenen Biedermeierbau, der schon bessere Zeiten gesehen hat, werden Vorbereitungen für ein Stadtfest getroffen. Im Bierzelt herrscht bereits ausgelassene Stimmung: Eine Zigeunerkapelle erprobt mit Getöse die Lautsprecheranlage; die ersten Betrunkenen stechen mit glasigen Blicken im Eilschritt auf das Dunkel am Rande des Platzes zu, um sich zu erleichtern. Es verspricht ein rauschendes Fest zu werden.

Wir sind nicht erfreut über die vielen Menschen, die sich vor dem Hotel drängen, denn wir sind in die südungarische Kleinstadt an der Donau gekommen, um hier eine moslemische Familie von den Schleppern entgegenzunehmen, die sie gegen Bezahlung eines hohen »Kopfgeldes« aus der Stadt Bijeljina im serbisch besetzten Teil Bosniens nach Ungarn schaffen sollen. Die Grenze zur serbischen Vojvodina liegt knapp dreißig Kilometer entfernt, und das verschlafene Baja ist einer der wichtigsten Umschlagplätze für Schmuggelgut aller Art, das zwischen Serbien und Ungarn ausgetauscht wird, Menschen eingeschlossen. Der Treffpunkt, so hat man uns wissen lassen, soll vor dem Hotel sein. Dort sollen wir warten und das Geld bereit halten. Niemand kann sagen, wie viel die Menschenhändler diesmal verlangen werden. Die Preise ändern sich ständig. Mehmet hat vor zwei Wochen seine Eltern freigekauft. Man sagte ihm, er müsse 800 Mark pro Kopf bezahlen, dann verlangten die serbischen Schmuggler 1600. Wir haben genug Geld dabei, um auch 2500 zu bezahlen. Wie viel ist ein Menschenleben wert? 800 Mark? 1600? Oder 2500? Oder wäre das überzahlt?

Die Preise werden nur in deutschen Mark genannt, der einzigen Währung, die auf dem blutenden Balkan noch etwas gilt. Es gibt viele in Baja, die sich eine goldene Nase verdienen am balkanischen Elend. Auch der Portier im Hotel »Duna« gehört zu den Gewinnlern. In der Hotelhalle mit den abgewetzten Plastikfauteuils treffen wir noch andere Menschen aus dem ehemaligen Jugoslawien, die nach Baja gekommen sind, um Angehörige und Freunde freizukaufen. Ein junger Bosnier wartet schon seit Tagen im Hotel auf Nachricht von seiner Schwester in Brčko. Ein Kroate will seine moslemische Freundin aus Belgrad in Empfang nehmen, die hier über die Grenze geschleust werden soll. Zwei ältere Bosnier wollen Nachbarn abholen, die endlich eingesehen haben, dass sie im serbisch besetzten Bosnien nicht länger bleiben können. Alle umlagern das Telefon an der Rezeption. Jeder will anrufen. Nach Bosnien, wohin man allerdings nur mit Glück eine freie Leitung bekommt. Nach Deutschland, zu Verwandten, die Verbindung zu jemand aufrecht halten, der angeblich ganz sichere Informationen besitzt. Nach Belgrad. Nach Zagreb. Wir rufen nach Wien an, um die Verwandtschaft zu beruhigen. Nein, wir haben noch nichts gehört. Ja, natürlich warten wir noch. Der Portier verlangt Phantasiepreise für die Gespräche. Alle bezahlen, ohne zu murren. Es heißt, er sei mit den Menschenhändlern befreundet, da will es sich keiner verderben mit ihm. Das Geschäft mit der lebenden Ware blüht. Früher sind jeden Donnerstag zwanzig bis dreißig Leute aus Bosnien über Baja gekommen. Jetzt kommen auch am Samstag Transporte.

Mitteleuropa am Ende des 20. Jahrhunderts. Eben noch wurde in unseren Ländern, die seit Jahrzehnten in Frieden und Wohlstand leben, an die schreckliche Zeit vor fünfzig Jahren gemahnt. Damals hätten viele Menschen weggeschaut, als andere verfolgt, gedemütigt, gefoltert, ermordet wurden. Nur wenige hätten damals geholfen. Viele Länder hätten sich abgeschottet und die Verfolgten ihrem Schicksal überlassen. Nie wieder! Das dürften wir nie wieder zulassen. Wachsam müssten wir sein. Und hellhörig für alle Signale. Doch der Konflikt am Balkan, auch das bekommen wir immer wieder zu hören, hat damit nichts zu tun. Der geht uns nichts an. Das ist ein regionaler Konflikt. Wenn die sich gegenseitig die Schädel einschlagen, ist das traurig, aber ihre Sache.

Dass es auch dort Täter und Opfer gibt? Üble Propaganda! Hände weg! Und Augen zu. Das alles geht mir durch den Kopf, als ich vor dem Hotel »Duna« in Baja stehe und mit meinen bosnischen Freunden auf ihre Familienangehörigen warte, für die wir das Kopfgeld bezahlen sollen. Kopfgeld wofür? Damit man ihnen gestattet, die Heimat zu verlassen, in der sie ihre Wurzeln haben, den Ort, wo sie aufgewachsen sind, wo ihre Urgroßeltern und Großeltern begraben liegen, von denen sie Häuser und Obstgärten geerbt haben. In den letzten drei Jahren war diese Heimat für sie allerdings zu einer tödlichen Bedrohung geworden. Bijeljina war die erste Stadt in Bosnien, die bei Ausbruch des Krieges von den Serben besetzt wurde. Die meisten Moslems wurden gewaltsam vertrieben, viele wurden umgebracht. Dann wurden die Moscheen in Schutt und Asche gelegt. Manche Muslime blieben trotzdem. Sie hatten immer gut mit ihren serbischen Nachbarn zusammengelebt, hatten keine Schuld auf sich geladen, warum sollte ihnen etwas geschehen? Mehmets Vater wurde fast zu Tode geprügelt, bis er endlich begriff, dass es in diesem Konflikt nicht um persönliche Schuld geht, sondern dass es genügt, Moslem zu sein, um wie ein Hund erschlagen zu werden. Das haben endlich auch die Angehörigen Fadils verstanden, mit dem ich vor dem Hotel »Duna« stehe und in die fröhliche Menge starre. Der junge Mann im schmuddeligen Jeansanzug, ist der unser Verbindungsmann? Und was geschieht, wenn uns die Schmuggler im Getümmel nicht erkennen? Das Fest wird immer ausgelassener. Die Zigeunerkapelle ist in Schwung gekommen, die Musik dröhnt über den Platz; vor dem Bierzelt wird getanzt; ein Beinamputierter umklammert eine Frau mit mächtigem Busen, die vor seinem Rollstuhl auf der Stelle stampft; der Bürgermeister schlägt unter Gejohle ein neues Bierfass an.

Endlich ist unser Anruf erfolgreich. Wir erfahren, dass die Angehörigen Bijeljina verlassen haben, sie müssten am Abend in Baja eintreffen. Wir warten bis in die frühen Morgenstunden. Gerüchte machen die Runde. In diesem grausamen Spiel gibt es keine Gewissheit. Jeder hat etwas anderes gehört. Die Flüchtlinge sollen diesmal zu einem anderen Grenzübergang gebracht werden, wenn wir sie dort nicht auslösen, werden sie zurückgeschickt! Nein, die Menschenhändler warten nur auf eine günstige Gelegenheit; wir dürfen uns auf keinen Fall von der Stelle rühren, sonst waren alle Vorbereitungen vergeblich, eine zweite Gelegenheit bietet sich nimmer! Die serbische Polizei hat den Transport abgefangen! Er wurde bereits an der bosnischen Grenze gestoppt!

Erst am Morgen Entwarnung. Wieder einmal lief alles anders als abgemacht Die Leute wurden gleich an der

Grenze den ungarischen Behörden übergeben und von diesen in ein Flüchtlingslager gebracht Das Geld wurde schon zu Hause von einem serbischen Nachbarn ausgelegt, nun muss es über komplizierte Kanäle zurückgezahlt werden. Kleiner Trost: Es gibt auch nach drei Jahren Krieg noch nachbarliche Hilfe und Anständigkeit Wir brechen zum Lager auf, etwa 200 Kilometer von Baja entfernt. Als wir die Stadt verlassen, liegt der Platz still und friedlich in der Morgensonne, übersät von Plastikbechern und anderem Abfall. Ein gelungenes Fest. *(1995)*

# Nach der Befreiung

*Osteuropäisches Lamento*

»Wir sind die Opfer«, sagte mein polnischer Freund und verzog das Gesicht zu einer Grimasse, als verspüre er plötzlich bohrende Zahnschmerzen. »Wir sind die Stiefkinder der Geschichte. Ihr habt im europäischen Haus die oberen Stockwerke mit feiner Aussicht bekommen, während wir uns in den feuchten, modrigen Kellerräumen drängen müssen. Findest du das gerecht?«

Wir hatten einander vor Jahren bei einem Symposium in einer österreichischen Universitätsstadt kennengelernt und waren uns zufällig bei einem Empfang in einem Warschauer Hotel über den Weg gelaufen. Schulter an Schulter kämpften wir uns mit wohlgesetzten Ellbogenstößen zum Buffet vor, das sich entlang einer ganzen Wand des Konferenzsaals erstreckte. Über dem Saal lag ein Duft von gegrillten Shrimps und teurem Rasierwasser, aus der Lautsprecheranlage dudelte ein Wiener Walzer.

»Solange die Sowjetunion mächtig war, habt ihr keinen Finger für uns gerührt. Wir Bewohner Ostmitteleuropas waren auf uns allein gestellt in unserem Bemühen, die beiden Hälften Europas, die in Jalta und Potsdam auseinandergerissen worden waren, wieder zusammenzuführen. Ihr habt nur aus der Ferne die Daumen gedrückt. Und was haben wir nun davon? Wir sind wieder einmal die Verlierer ...«

»Wieso Verlierer?« unterbrach ich den larmoyanten Redefluss meines Freundes, der den Ruf eines hervorragenden Sprachwissenschaftlers genießt und erst kürzlich ein

bemerkenswertes Buch über die Wort- und Sittenge-
schichte der alten Slawen publiziert hatte, und bugsierte
ihn an einem breiten Rücken vorbei zu den aufgetürmten
Köstlichkeiten. »Ihr habt doch alle Ziele erreicht, und noch
dazu viel rascher, als selbst der kühnste Optimist zu träu-
men gewagt hätte. Polen, Ungarn, Tschechoslowakei, Bulgarien, die baltischen Republiken und sogar Rumänien haben ihre Unabhängigkeit wiedererlangt. die Rückkehr nach
Europa steht euch offen. Der Westen hat euch mit offenen
Armen empfangen ...«

   »Das war das Ärgste, was uns passieren konnte«, sagte
mein Freund bitter und griff sich ein in Blätterteig gehüll-
tes Bratwürstchen von einem Silbertablett. »So lange ihr
euch noch nicht um uns gekümmert habt, war alles halb so
schlimm; doch eure Küsse sind, mit Verlaub, unerträglich.
Wir bekommen eure getragenen Kleider und müssen dafür
noch dankbar sein. Wir fühlen uns wie arme Verwandte,
die, mit zwei schäbigen Koffern in Händen, beim reichen
Cousin vor der Tür stehen. Der hat zwar jahrelang Pakete
geschickt und Briefe geschrieben, in denen er darüber
Klage führte, wie sehr er die geliebte Verwandtschaft
misse, dass diese aber tatsächlich eines Tages auftauchen
würde, damit hat er nicht gerechnet. Noch dazu in diesem
ärmlichen Aufzug, mit diesen lächerlichen Pappkoffern!
Nichts wie weg damit! Als Erstes werden wir in neue Kleider gesteckt. Weg mit allem, was wir mitgebracht haben,
was uns an zu Hause erinnert. Fort mit den patriotischen
Gefühlen, die das Herz so schön erwärmen, fort mit den
nationalen Liedern und den Erinnerungen an die Helden,
die für Freiheit und Vaterland ihr Leben ließen, her mit
dem internationalen, überregionalen, multiethnischen
Einheitsbrei, mit dem Sprachenbabel, mit dem Gemisch

von Rassen und Völkern, wie es in euren Ländern seit Jahren herrscht. Nein, nein, mein Lieber, unsere Rückkehr nach Europa ist kein Triumphzug. Wer weiß, ob wir nicht ärmer ankommen, als wir losgezogen sind?« Er wischte sich mit einer eleganten Handbewegung einen Krümel Blätterteig aus dem Mundwinkel.

»Aber die Wirtschaftshilfe? Aber der Aufschwung? Aber der Wohlstand?«, wagte ich einzuwenden. Mein Freund schnitt mir energisch das Wort ab. »Gerede, nichts als Gerede.« Er packte mich am Arm und zerrte mich zum Fenster. Durch die Hauptverkehrsstraße vor dem Hotel, die einer einzigen Baustelle glich, quälte sich der abendliche Stoßverkehr. Ein verrosteter Kran schwenkte kreischend seinen Arm. Auf der gegenüberliegenden Straßenseite standen Autos mit offenen Kofferraumdeckeln, davor private Händler, die Bananen, deutsches Dosenbier, Kaugummi und finnische Schokolade feilboten. Wenn das der Fortschritt sei, sagte mein Freund, wolle er gern darauf verzichten. Die Völker Ostmitteleuropas hätten ihren nationalen Stolz zu Markt getragen, sie seien sogar bereit, ihre Geschichte und ihre Traditionen für ein paar Dollar oder D-Mark zu verscherbeln; die Polen machten dabei keine Ausnahme, die trieben es besonders schlimm. Warschau sei ein riesiger Ramschbasar, die polnische Händlermafia ziehe ihre Fäden bis in den Fernen Osten, wo sie allerdings die Konkurrenz der Spekulanten aus Odessa und Kiew zu spüren bekomme. Anfangs habe er sich getröstet, fuhr mein Freund fort, dass es sich bei diesem Rückfall in die wilden Jugendjahre des Kapitalismus um eine vorübergehende Erscheinung handle, die rasch wieder verschwinde, wie Schafblattern, ohne dauernde Spuren zu hinterlassen. Inzwischen sei der Straßenhandel jedoch zu einer festen Institution geworden, die man sich aus dem Bild der größeren Städte nicht mehr wegdenken könne. Kein Ort sei vor diesem gierigen Pack sicher, vor jedem Friedhof und unter jedem Denkmal eines Dichterfürsten finde man knallbunte Waren ausgebreitet: Luftballons, Haarspray, billige Turnschuhe, Präservative, die an neugeborene Igel erinnerten. Und jeder sei bereit, sich an diesem unwürdigen Wettlauf zu beteiligen. Vor ein paar Tagen habe er in der Altstadt von Warschau einen Kollegen von der Akademie der Wissenschaften erspäht, der dänische Schinkenkonserven verkaufte. Von einem Kleinlastwagen herunter. Ein angesehener Sozio-Kybernetiker! Und der Mann habe noch einen ganz fröhlichen Eindruck gemacht. Mein Freund schüttelte den Kopf und angelte sich eine Hühnerkeule vom Buffet.

»Die Sozio-Kybernetik in Ehren«, nahm ich den unbekannten Wissenschaftler in Schutz, »doch dänischer Schinken ist nahrhafter. Und immerhin trägt der Mann dazu bei, dass sich das Angebot erweitert und die Preise fallen. Deinem Kollegen gebührt ein Orden, keine Kritik. Kannst du dich gar nicht darüber freuen, dass die freie Marktwirtschaft auf allen Linien gesiegt hat?«

Ob ich tatsächlich so vernagelt sei, fragte mein Freund mit gepresster Stimme, als wolle er mir im nächsten Moment an die Gurgel fahren. Ich wich einen Schritt zurück und stieß gegen den weichen Leib einer tonnenförmigen Dame im bordeauxroten, knöchellangen Abendkleid. »Die freie Marktwirtschaft hat alles zerstört, was uns heilig ist«, sagte er, »die bringt uns noch um.«

»Übertreibst du da nicht ein wenig? Die meisten deiner Landsleute scheinen mit diesem Fluch recht gut zu fahren. Und das gilt auch für eure Nachbarn in Ostmitteleuropa.

Wer durch die Straßen von Budapest schlendert, wird kaum mehr einen Unterschied zu Wien feststellen können. Westen, so weit das Auge reicht. Die letzten Relikte des Ostblocks wird man bald unter Denkmalschutz stellen oder ins Museum schaffen müssen, sollen sie nicht völlig verschwinden. In Prag werden mehr amerikanische als tschechische Filme gezeigt, davon konnte ich mich bei meinem jüngsten Aufenthalt selber überzeugen. Bald wird man auch in Rawa Ruska und in Zlín Chicken McNugget und Döner Kebab bekommen. Und überall sind die Menschen zufrieden. Nur ihr Intellektuellen quengelt wie kleine Kinder.«

»Weil wir als Einzige begreifen, was gespielt wird. Weil wir wieder einmal den Kopf hinhalten müssen«, sagte er und betonte dabei jedes Wort, als habe er einen Idioten vor sich. »Und immer wird uns auf den Kopf geschissen. Wer hat denn alle diese Veränderungen erst möglich gemacht? Richtig. Wir, die Intellektuellen. Wir wurden von der Miliz schikaniert und verprügelt, wir wurden ins Gefängnis und in Internierungslager gesteckt, wir wurden auf schwarze Listen gesetzt; wir durften keine Bücher publizieren und keine Filme drehen, wir wurden von den Akademien und den Universitäten gejagt; wir verloren unsere Posten und mussten uns als Taxichauffeure oder Heizer durchs Leben schlagen. Und was haben wir erreicht?« Er zeigte auf seinen schäbigen Anzug. Die schwarzen Schuhe waren vertreten und ungeputzt. Nicht, dass er die früheren Zustände herbeisehne, fuhr er fort, das liege ihm fern. Doch unter dem alten Regime habe er wenigstens ein Leben geführt, wie es einem Intellektuellen zustehe, auch wenn sein Telefon abgehört wurde. Er habe so viele Bücher kaufen können, wie sich in die Zweizimmerwohnung mit Bad und

Kochnische stopfen ließen, und er sei ins Theater gegangen, so oft er den Wunsch verspürte. Ja, damals sei er auch noch ausgegangen und habe mit Freunden die eine oder andere Flasche geleert. Manchmal hätten sie sich sogar betrunken, ohne sich gleich in Schulden zu stürzen. Und heute? Er schüttelte traurig den Kopf. Ein gutes Buch koste ein kleines Vermögen, im Übrigen würden immer weniger gute Bücher verlegt, weil die Verlage entweder pleite gingen oder pornographischen Schund auf den Markt brächten, den ihnen westliche Partner aufschwatzten. Gute Theaterkarten seien unerschwinglich. Im Restaurant habe er seit Monaten nicht mehr gegessen. Früher sei er sogar manchmal ins Ausland gereist, auf Einladung selbstverständlich. Damals sei ein Intellektueller noch begehrt gewesen. Man habe sich um Leute wie ihn gerissen, habe an seinen Lippen gehangen. Heute müsse er froh sein, von einer Volkshochschule in einer deutschen Provinzstadt einen Vortrag zugeschanzt zu bekommen. In früheren Jahren habe ein Schriftsteller oder Wissenschaftler alle Zeit in der Welt gehabt, ein Buch zu schreiben oder auch nur einen klugen Essay. Er habe sich niemals fragen müssen, ob sich das auch verkaufe. Das habe niemanden interessiert, am wenigsten ihn selber. Er habe nie hohe Ansprüche gestellt, doch er habe Achtung genossen; man habe ihn um seine Meinung gefragt und er sei von Rundfunk und Fernsehen gebeten worden, dieselbe kundzutun. Heute führten dort junge Börsenschnösel und Computerfreaks das Wort. Als Angehöriger der humanistischen, patriotisch denkenden Intelligenz gehöre man einer aussterbenden Spezies an.

Er neigte den Kopf und zischte mir ins Ohr, manchmal könne er sich des Verdachts nicht erwehren, die ›rote Kommune‹ habe heimlich wieder die Macht übernommen.

Er schaute sich vorsichtig um, als gelte es, den Feind ausfindig zu machen, ehe dieser zum tödlichen Schlag ausholen konnte. Die meisten Gäste des Empfangs waren, der Kleidung und den aufgeschnappten Gesprächen nach zu schließen, Geschäftsleute. Die Internationale des Handels. Polen, Deutsche, Österreicher, Amerikaner, ein paar Japaner waren auch darunter. Alle schienen sich im selben Laden eingekleidet zu haben: die Anzüge in gedecktem Blau bis Grau, teures Schuhwerk. Und alle lächelten in einem fort verbindlich, als hätten sie etwas zu verkaufen. Die paar Künstler und Intellektuellen, die durch Zufall auf die Einladungsliste gelangt waren, wirkten wie Fossilien aus einer anderen Zeit, in der man nichts von Lifestyle wusste. Mein Freund trug das Haar immer noch schulterlang, wie der Spieler eines drittrangigen Fußballklubs, und dazu einen Vollbart à la Solschenizyn. Ein junger Dichter neben uns war im Norwegerpullover gekommen, ein Bügel seiner dunklen Brille war mit Heftpflaster geflickt. Der Gastgeber, ein junger Handelsdelegierter im dezent zerknautschten Anzug von Armani, ganz neue Bescheidenheit, fragte, ob wir uns schon auf eine Hauptstadt für das Vereinte Europa geeinigt hätten. Paris, Berlin oder etwa gar Warschau? Er lachte meckernd und ging weiter, ohne eine Antwort abzuwarten.

»Nun haben wir so lange um unsere Unabhängigkeit gekämpft«, sagte mein Freund, als der Gastgeber außer Hörweite war, »und kaum haben wir die endlich erstritten, sollen wir sie schon wieder an der Garderobe eines zweifelhaften Lokals namens Vereintes Europa abgeben. Nein, da bleibe ich lieber zu Hause. Und meine Freunde in Bukarest und Sofia und Prag denken nicht anders. Mit dem Gerede vom geeinten Europa soll uns doch nur Sand in die Augen gestreut werden, damit wir nicht merken, dass uns die reichen Länder vor allem als Absatzmarkt betrachten und als eine große Billiglohnzone, in die sich einfache Produktionen auslagern lassen. Das ist die alte Arbeitsteilung. Wir werden ausgebeutet und dürfen dafür tief in die Taschen greifen. Darin besteht unsere neue Freiheit. Wir haben bloß eine Abhängigkeit mit einer anderen vertauscht. Statt der russischen Panzer und der heimischen Nomenklatura sind es die Buchhalter und Experten der Weltbank und des Internationalen Währungsfonds, die den Ton angeben.«

Ob er denn alle Brücken zwischen Osteuropa und dem Westen wieder einreißen wolle, mischte sich ein Herr im taubengrauen Zweireiher in das Gespräch. Da sei das Ziel endlich zum Greifen nahe, und dann meldeten ausgerechnet die Intellektuellen Zweifel an der gemeinsamen Sache an. Das sei betrüblich, ja bestürzend. Und diese nationalistischen Töne! Er wolle doch sehr hoffen, dass nicht ganz Osteuropa so denke.

»Osteuropa gibt es nicht mehr«, sagte mein Freund pedantisch und führte ein Käsehäppchen zum Mund, um es mit einem Schluck Rotwein hinunterzuspülen. »Osteuropa ist tot und passé.« Im Übrigen verwahre er sich energisch gegen den Vorwurf des Nationalismus. Er könne sich zwar für gewisse neue Konstellationen erwärmen, aber alles im regionalen Rahmen, gestützt auf historische Wurzeln und ethnische Bande, nicht auf Rentenabkommen und Währungsunion. »Wir dürfen nicht unsere Wurzeln abschneiden«, sagte er und warf einen letzten Blick über das Buffet. Welke Salatblätter, verschmierte Teller, in einer Schüssel mit Dillsauce lag, wie ein gekentertes Schiff, ein Stück Camembert. Der Empfang neigte sich dem Ende zu.

Wir traten, zwei müde Krieger, den Rückzug zur Garderobe an. Die Wurzeln seien das Wichtigste, sagte mein Freund und räumte einen kleingewachsenen Herrn mit Halbglatze aus dem Weg, der seine Begleiterin suchte. Wir schnitten einem Kellner mit einem Tablett gefüllter Sektgläser den Weg ab. Er trug ein Schild auf der linken Brust, auf dem nur das geheimnisvolle Wort TCHES zu lesen war. Was das zu bedeuten habe, fragte mein Freund streng und stellte das geleerte Glas ab. Das befrackte Jüngelchen schaute uns mitleidig an. Das sei ein Namensschild, erklärte er geduldig, auf dem die Abkürzung seines Vornamens stehe. Was das für ein Vorname sein solle, begehrte mein Freund, um eine Tonlage schärfer, zu wissen. Czesław natürlich. Da aber in diesem Hotel vorwiegend englischsprachiges Publikum verkehre, das sich an solchen Namen erfahrungsgemäß die Zunge breche, habe die Hotelleitung die phonetische Schreibweise gewählt. Alles Service, verstehen Sie? Die amerikanischen Gäste seien über diese Aufmerksamkeit in der Regel entzückt.

Mein Freund ergriff die Flucht. Ich holte ihn erst an der Drehtür ein. Ein kalter Windschauer peitschte gegen die Hotelfront. Ein Taxifahrer öffnete lockend den Schlag: »Taxi, please.« Wir schlugen die Mantelkrägen hoch und beschleunigten die Schritte, um die letzte Straßenbahn zu erreichen. *(1990)*

# Russe

*Nachrichten aus der bulgarischen Provinz*

Die ersten Vororte von Russe. Am Horizont beginnt es zu grauen, ein schmaler Streifen, erst farblos hell, dann rötlich, der rasch breiter wird. Ich bin die ganze Nacht gefahren und halte Ausschau nach einem Lokal, es ist vier Uhr morgens. Neben einer weißgetünchten ebenerdigen Hütte steht eine moderne Erntemaschine, so hoch wie das Dach. Dann tauchen helle Kalkklippen, die Plattenbauten einer Siedlung, aus der Dämmerung, aus der Nähe erscheinen sie wie Ruinen, in den Wänden tiefe Risse, wo einmal ein Balkon war, ragen rostige Eisenstreben in die Luft. Vor einem Fabrikgelände – Hallen mit zerbrochenen Scheiben, Kohlenhalden, Ladekräne – weiden Schafe, bewacht von drei Hunden, ein dazugehörender Schäfer ist nirgends zu sehen. Ich kann nicht erkennen, was in der Fabrik hergestellt wird, vielleicht ist sie stillgelegt. Eine hohe Glashalle, ein Supermarkt, noch dunkel, davor ein beleuchteter Kiosk. Unter dem ausladenden Dach der Halle drängen sich schwarz gekleidete Frauen, als wollten sie sich aneinander wärmen.

Im Kiosk hantiert ein wortkarger junger Mann an einer altmodischen Maschine, er stellt mir heißen Kaffee hin, in einem kleinen Plastikbecher, ein Plastikstäbchen zum Umrühren, dazu ein Stück Kuchen, in Honig getaucht. Auf dem weiten Parkplatz vor der Halle ein paar Lieferautos, eines trägt eine deutsche Aufschrift von einer Bäckerei in Paderborn, für Kundschaft ist es wohl noch zu früh. In einer Ecke des Platzes eine zerbeulte amerikanische Limou-

sine mit altmodischen Haifischflossen, ohne Räder, aufge-
bockt auf Ziegelsteinen, daneben liegen, in Decken ge-
wickelt, reglose Gestalten auf dem Betonboden. Eine Frau
in schwingenden weiten Röcken macht sich neben den
Schläfern zu schaffen, sie bückt sich, eine Flamme züngelt,
sie versucht ein Feuer zu entfachen.

Vielleicht ist es die Müdigkeit von der langen Fahrt
durch die Nacht, aber meine ersten Eindrücke von Russe
sind widersprüchlich. Ich habe das Gefühl, als bewegte ich
mich durch unterschiedliche Zeiten, Altes und Neues über-
lagern einander, als habe irgendjemand, absichtlich oder
aus Versehen, verschiedene Epochen durcheinander gemischt.

Russe, früher Rustschuk, türkisch Rusçuk, mit knapp
160 000 Einwohnern die fünftgrößte Stadt Bulgariens, am
südlichen (rechten) Donauufer gelegen, der rumänischen
Industriestadt Giurgiu gegenüber, mit der sie eine knapp
drei Kilometer lange, zweistöckige Brücke verbindet, oben
die Autos, unten die Eisenbahn. Als die Staatsoberhäupter
von Rumänien und Bulgarien im Jahre 1954 das kühne
Bauwerk feierlich eröffneten, tauften sie es pathetisch
»Brücke der Freundschaft«, was mit der Wirklichkeit wenig zu tun hat, da Rumänen und Bulgaren nie viel Sympathie füreinander empfanden. Der Name hat sich trotzdem
erhalten, wie übrigens auch die Antipathie zwischen den
beiden Völkern.

In der Vergangenheit wirkte die Brücke für die Bewohner diesseits und jenseits der Donau oft eher trennend als
verbindend. Beide Seiten hoben, willkürlich, Benützungs-
gebühren ein, bis zur Höhe eines durchschnittlichen Mo-
natslohns. Für die Benützung der Straße, für den Transit,
für die Ökologie, was immer das bedeuten mochte. Rei-

sende wurden streng kontrolliert, das hatte lange Warte-schlangen zur Folge, für normale Menschen war die Brü-ckenmaut ohnehin unerschwinglich, das andere Ufer uner-reichbar. Das soll sich nun ändern. Vor kurzem wurde mit deutscher Unterstützung eine so genannte »Brückenuni-versität« ins Leben gerufen, die Einrichtungen aufgeteilt zwischen Giurgiu und Russe, in der Wirtschaftsinformatik und European Studies unterrichtet werden, allerdings in Deutsch und Englisch, nicht etwa Rumänisch und Bulga-risch.

Im Zentrum werden die Bilder vertrauter. Niedrige Häuser, die frisch gestrichenen Fassaden überladen mit Stuckornamenten, gipserne Masken, Girlanden und Mu-scheln, Rosetten, Kapitelle und Pilaster. Auf einem Balkon mit kunstvoll geschmiedetem Geländer ein altes Paar, das mit einer Frau auf dem Gehsteig schwatzt. Ein Torbogen, bewacht von plumpen Karyatiden mit verzerrten Gesich-tern, gibt den Blick frei auf einen Innenhof. Der Hof ist dem Renovierungseifer offenbar entgangen, von den Haus-wänden blättert der Anstrich, Wasserflecken zeichnen bi-zarre Muster.

Später erfahre ich, dass die Verschönerungsarbeiten 1995 in Angriff genommen wurden, im Rahmen eines Pro-gramms mit dem Titel »Schönes Bulgarien«, teilweise fi-nanziert von der EU. Damit sollte Russe »europareif« ge-macht werden, ein Wort, das nach dem Zusammenbruch des Kommunismus in den Ländern Ostmitteleuropas ei-nen magischen Klang erhielt, der inzwischen einiges von seiner Anziehungskraft einbüßte. Gleichzeitig sollten die Renovierungsarbeiten helfen, die hohe Arbeitslosenrate in der Region zu senken. Der reiche Fassadenschmuck der Häuser wurde ebenfalls »verordnet«, allerdings hundert

Jahre zuvor. Auch damals ging es um so etwas wie »Europareife«, obwohl der Begriff noch gar nicht existierte.

Im Jahre 1878 musste das Osmanische Reich, eine Folge des verlorenen Krieges gegen das zaristische Russland, im Friedensvertrag von San Stefano seine Herrschaft über die bulgarischen Gebiete aufgeben: Nach vierhundert Jahren erlangte Bulgarien seine Unabhängigkeit wieder. Rustschuk, wie Russe damals noch hieß, zählte im Jahr der Befreiung 26 000 Einwohner. Um die Spuren der osmanischen Herrschaft aus dem Stadtbild zu tilgen, erließen die Stadtväter 1893 eine Verordnung, wonach die Häuser im Zentrum mit Stuckverzierungen und Balkons zu versehen waren – Russe sollte ein möglichst mitteleuropäisches Aussehen erhalten. Das ist gelungen. Der Donauhafen wird oft als europäischste Stadt Bulgariens bezeichnet, worauf die Bewohner nicht wenig stolz sind.

Wahrscheinlich ist es unvermeidlich, dass Versuche, sich von der Vergangenheit zu lösen, eigene Wurzeln abzuschneiden, manchmal gewaltsam ausfallen, sogar an Barbarei grenzen. Von meinem Hotelzimmer schaue ich auf den weitläufigen Ploschtad Swoboda, den Freiheitsplatz, der über dem alten türkischen Friedhof errichtet wurde, wie ich einem in der Rezeption aufliegenden Stadtführer entnehme. Was mit den Gräbern, den alten Grabsteinen geschehen ist, steht in der Broschüre nicht. Wurden die Gebeine exhumiert, anderswo beigesetzt? Als ich am nächsten Tag im Historischen Museum einem freundlichen jungen Mann diese Frage stelle, zuckt er die Achseln; davon sei ihm nichts bekannt. Bereitwillig räumt er ein, dass die türkische Geschichte der Stadt – »natürlich hat es auch eine solche gegeben, es wäre falsch, das zu verschweigen« – vernachlässigt, beiseite geschoben wird. Als Beispiel nennt er den Namen Midhat Pascha, der Großes für die Stadt geleistet habe, doch sein Name sei weitgehend vergessen.

Die Historie ist bekanntlich oft boshaft und liebt es, Grimassen zu schneiden und ironische Seitenhiebe auszuteilen; so kam es, dass es ausgerechnet ein Herrscher aus der Zeit der türkischen Besatzung war, ein osmanischer Unterdrücker also, der damit begann, Rustschuk zu europäisieren. Mehmet Schefik, genannt Midhat Pascha, war Gouverneur der aus Nordbulgarien und Teilen Serbiens bestehenden Donauprovinz des türkischen Reiches. Er stammte aus der Nähe von Rustschuk und galt als Reformer und Schöngeist, orientiert an westlichen Vorbildern. Im Jahre 1864 verlegte der Sultan seine Residenz in die verschlafene Stadt an der Donau. Begeistert von den großzügigen Ideen des französischen Stadtplaners Baron Haussmann, den er persönlich kannte und verehrte, wollte er aus Rustschuk eine moderne Stadt machen, ein »kleines Paris« oder zumindest ein »kleines Wien«. Midhat Pascha ließ neue, breite Straßen anlegen und die Boulevards pflastern, er führte die erste Straßenbeleuchtung ein, so genannte Wiener Laternen, und organisierte ein modernes Verkehrsnetz und Postwesen. War die Verordnung der bulgarischen Stadtväter aus dem Jahre 1893 also nichts anderes als eine Fortführung der Vorhaben des türkischen Sultans?

Der junge Mann im Historischen Museum wiegt zweifelnd den Kopf. So könne man das nicht sagen, obwohl, andererseits, da sei schon was dran … Aber der Türke habe nur eine Entwicklung angestoßen, die sich auch ohne ihn durchgesetzt hätte, man denke nur an den aus Russe stammenden Freiheitskämpfer Nikola Obretenov, der nach der Befreiung als Bürgermeister so viel für seine Heimatstadt getan habe. Von Nikola Obretenov wird berichtet, er habe die Länder der Donaumonarchie bereist, um die Segnungen des modernen Städtebaus zu studieren und sie dann auf Russe zu übertragen. Für die Alexandrowska, Prachtstraße und Korso, benannt nach dem russischen Zaren Alexander II., der die Türken besiegte, weshalb ihm in beispielhafter Dankbarkeit überall im Land Denkmäler errichtet wurden, ließ Nikola Obretenov der Überlieferung zufolge Pflastersteine aus Marseille und glasierte Ziegel aus Bukarest herbeischaffen. Die Europäisierung durfte schon etwas kosten.

Trotz aller Provinzialität war Russe gleichzeitig eine kosmopolitische Stadt, eine Vielvölkergemeinde im Kleinen. Hier kreuzten sich die Handelswege von Westeuropa über die Donau nach dem Orient, von Russland über Bukarest nach Konstantinopel, vom Balkan in die Walachei. Diese bevorzugte Lage veranlasste schon in frühen Zeiten Kaufleute verschiedener Nationalität, sich hier niederzulassen. Meist bewahrten sie über Generationen ihre Sprache, Religion und Kultur und wohnten in eigenen Vierteln.

Elias Canetti, 1905 in einer sephardisch-jüdischen Familie geboren, schrieb in seinen Erinnerungen über das Völker- und Sprachenmosaik seiner Geburtsstadt: »Rustschuk, an der unteren Donau, wo ich zur Welt kam, war eine wunderbare Stadt für ein Kind, und wenn ich sage, dass sie in Bulgarien liegt, gebe ich eine unzulängliche Vorstellung von ihr, denn es lebten dort Menschen der verschiedensten Herkunft, an einem Tag konnte man sieben oder acht Sprachen sprechen hören. Außer den Bulgaren, die oft vom Land kamen, gab es noch viele Türken, die ein eigenes Viertel bewohnten, und an dieses angrenzend lag das Viertel der Spaniolen, das unsere. Es gab Griechen, Albanesen, Armenier, Zigeuner. Vom gegenüberliegenden

Ufer der Donau kamen Rumänen … Es gab, vereinzelt, auch Russen.«

Die Erinnerungen an das Völkergemisch sind verblasst, vergessen; wenn es Minderheiten in der Stadt gibt, sind sie im Straßenbild nicht mehr zu sehen. Im Pantheon der Kämpfer für die Wiedergeburt Bulgariens, ein klobiger Kuppelbau im Zentrum von Russe, liegen die Gebeine von Frauen und Männern, die ihr Leben für die Einheit und Reinheit des Landes gaben, unter ihnen Nikola Obretenov und seine Mutter, Tonka Obretenova, noch bekannter als der Sohn. Baba Tonka, Großmutter Tonka, wie man sie nannte, wird der Ausspruch zugeschrieben, sie habe zwar schon vier Söhne hingegeben, zwei seien tot und die anderen beiden auch nur mehr halb am Leben, doch wenn sie noch einmal vier Söhne hätte, würde sie diese ebenfalls ermutigen, hinter der bulgarischen Fahne mit dem goldenen Löwen in den Kampf zu ziehen. Eine zeitgenössische Darstellung (oder ist es eine Fotografie?) zeigt eine ältere Frau mit streng gebundenem Kopftuch, die den Betrachter misstrauisch mustert.

Die Gedenkstätte der Freiheitskämpfer wurde im Jahre 1977 von den Kommunisten errichtet, an Stelle einer Kirche, die sie im atheistischen Überschwang abrissen, um Platz für das monumentale Gebeinhaus zu schaffen. Da kommt sie wieder zum Vorschein, die Barbarei, auch diesmal patriotisch getarnt, wenn auch nur unzulänglich. Das riesige Bauwerk wird gekrönt von einer weithin sichtbaren vergoldeten Kuppel, auf die nach dem Sturz des Kommunismus, als Zeichen der »Christianisierung«, ein Kreuz gesetzt wurde.

Paris, Marseille, Wien, Bukarest – von überall holte man für Russe, wie Teile eines Baukastens, Elemente der Modernisierung zusammen, überall schaute man etwas ab, kopierte man etwas, und diese Bemühungen, diese Anstrengungen, diese rührenden Gesten sind zu spüren in der Stadt. Oder bilde ich mir das ein? Während ich durch die Straßen im Zentrum von Russe schlendere, habe ich das Gefühl, mich in einer Provinzstadt in Südpolen oder in der Slowakei zu befinden, vielleicht machen das die niedrigen, stuckverzierten Häuserzeilen, die Balkone und Torbögen, die öffentlichen Gebäude, das alte Theater und die Museen, die sich zu einem vertrauten Gesamtbild fügen, das ich hier nicht erwartet habe. Bulgarien ist in der in meinem Kopf gespeicherten Karte von Mitteleuropa nicht eingezeichnet, und doch trägt Russe eindeutig mitteleuropäische Züge.

Wieder im Hotel, finde ich in meinen Notizen, wie zur Bestätigung, ein Zitat von Claudio Magris, der auf seiner wunderbaren literarischen Entdeckungsreise entlang der Donau auch Russe besuchte: »Hier fühlt man sich zu Hause, in der soliden und arbeitsamen Atmosphäre Mitteleuropas, zwischen dem alten, ausdrucksvollen merkantilen Wohlstand des Flusshafens und der düsteren Imposanz der Schwerindustrie. In den Straßen und Plätzen finden sich Winkel, die man aus Wien oder aus Fiume kennt, die beruhigende Einheitlichkeit des Donaustils.«

Von der düsteren Imposanz der Industrie ist nach dem Abgang des Kommunismus nicht mehr viel übrig, doch ich erinnere mich an meinen ersten Besuch in Russe, das war in den achtziger Jahren, damals hatte ich eine graue und triste Stadt vorgefunden, alles wie überzogen von einem Grauschleier, die Häuser, die Parks, die Denkmäler, sogar die Menschen. Ich erinnere mich an die weißlich-gelben Schwaden, die den Industriekomplex von Giurgiu verhüllten und träg über die Donau gezogen kamen, an die Gräser und Blätter im Park am breit dahinströmenden Fluss, seltsam verfärbt, wie vertrocknet, versengt von einem heißen Windhauch, obwohl es Frühsommer war. Einheimische hatten mir hinter vorgehaltener Hand zugeraunt, das seien Auswirkungen des giftigen Chlorgases, das die Chemiewerke im rumänischen Giurgiu über die Donau bliesen, und ich hatte keinen Grund gehabt, an ihren Worten zu zweifeln. Deshalb war ich ja hierher gekommen. Besorgte Bürger von Russe, Intellektuelle und Künstler, hatten, anfangs zaghaft, dann immer lauter, gegen die Vergiftung der Umwelt protestiert, und die kommunistischen Behörden hatten darauf reagiert wie immer, mit Repressionen, mit Zensur, nach Kräften bemüht, die Proteststimmen zum Schweigen zu bringen. Ich war nach Russe gereist, um für ein deutsches Nachrichtenmagazin über die Situation zu berichten. Der Umweltskandal hatte über die Grenzen Bulgariens hinaus Aufsehen erregt, doch wichtiger war, dass aus den Bürgerprotesten die erste bulgarische Dissidentenbewegung keimte, die über eine breitere Basis verfügte. Das konnte allerdings nichts daran ändern, dass sich die zivile Gesellschaft in Bulgarien nur langsam durchsetzte, langsamer als in den meisten anderen Ländern Ostmitteleuropas.

Das macht sich heute noch bemerkbar. Das kommunistische Erbe scheint nach wie vor schwer auf dem Land zu lasten, zahlreiche Angehörige der ehemaligen kommunistischen Nomenklatura bekleiden wichtige Positionen in Politik und Wirtschaft, mafiöse Strukturen durchziehen ganze Wirtschaftszweige wie parasitäre Geschwüre, die Korruption reicht bis in die Spitzen von Politik und Verwaltung, eine objektive Aufarbeitung der kommunistischen Vergangenheit ist nicht in Sicht. Immerhin, die Umweltprobleme in Russe scheinen bereinigt, im Himmel über Giurgiu stehen nur ein paar harmlose Zirruswolken, das Gras im Park ist frisch und grün.

Auf dem weitläufigen Freiheitsplatz sitzen Pensionisten in abgetragenen dunklen Anzügen und gestärkten weißen Hemden in der Sonne, einige spielen an kleinen Tischen Schach oder Tricktrack, ein alter Mann mit einer schwarzen Stoffklappe über dem rechten Auge streut Brotkrumen unter Tauben, die nervös übers Pflaster trippeln. Neben sich hat er einen Stock aus rötlichem Weichselholz mit geschwungenem Griff lehnen. Aus solchem Holz wurden bis zum Ersten Weltkrieg in Galizien, am nordöstlichen Rand der Habsburgermonarchie, Peitschenstiele und Gehstöcke gefertigt, die man in alle Regionen des Reiches und die angrenzenden Nachbarländer verschickte. Ob der Stock des alten Herrn noch aus jener Produktion stammt, ein Erbstück? Ausschließen lässt sich das nicht, Weichselholz ist zäh und dauerhaft. Von Zeit zu Zeit werden die fetten Tauben von Möwen in Angst und Schrecken versetzt, die heiser schreiend vom Hafen herübergesegelt kommen und sich mit blitzenden Schnäbeln auf das hingestreute Futter stürzen. Dann hebt der Mann den Stock und lässt ihn, wie einen Säbel, pfeifend durch die Luft sausen, bis die gefiederten Räuber kreischend entfliehen und wieder Ruhe über dem Platz einkehrt.

Beim abendlichen Spaziergang über die Alexandrowska sehe ich den Alten mit der Augenklappe wieder, er sitzt in einem Straßencafé, neben sich den Weichselstock. Als ich ihn mit einem Kopfnicken grüße, sagt er laut auf Deutsch »Guten Abend«, als sei es nicht weiter ungewöhnlich, einen stummen Gruß deutsch zu erwidern. Dazu macht er eine einladende Geste. Auf meine Frage, weshalb er mich deutsch gegrüßt habe, lächelt er bloß, dann beginnt er mich auszufragen, nach meiner Herkunft, meinem Beruf und dem Zweck meiner Reise. Sein Deutsch ist fehlerlos, es klingt ein wenig steif, altmodisch. Er habe vor dem Krieg, dem zweiten Krieg, das Deutsche Handelsgymnasium in Russe besucht, sagt er, eine hervorragende Lehranstalt, wenn auch ziemlich streng, aber von dort habe man noch echte Bildung mit auf den Weg bekommen, nicht so wie heute in den Schulen. Er macht eine wegwerfende Handbewegung. Nicht weit vom Café, in dem wir sitzen, steht das ehemalige Geschäftshaus des Großvaters von Elias Canetti, ein Schild gibt Auskunft, dass sich hier die Niederlassung der Firma »Elias A. Canetti & Söhne, Russe – Varna« befand, einer der Söhne, Jacques, war der Vater des späteren Nobelpreisträgers. Als ich ihn nach Canetti frage, schüttelt er den Kopf, natürlich habe er von ihm gehört, Canetti sei schließlich berühmt, ein großer Sohn Russes, doch gelesen habe er nichts von ihm, die schöne Literatur sei nicht seine Sache, er begnüge sich mit Zeitungen, um das politische Geschehen in der Welt und in Bulgarien zu verfolgen. Dann kommt er allerdings auf ein Thema zu sprechen, das wenig mit Politik zu tun hat, nämlich die Frauen. Völlig unvermittelt, wir unterhalten uns über nebensächliche Dinge, beginnt er von einem Onkel zu erzählen, der in einer Firma beschäftigt war, die Deutsche Werke A. G. oder so ähnlich hieß, was sie herstellte oder womit sie handelte, könne er nicht mehr sagen, vielleicht habe er es nie gewusst. Nur eines ist ihm in Erinnerung geblieben, nämlich dass die in der Firma beschäftigten Typistinnen, er gebraucht tatsächlich das Wort Typistinnen, die schönsten Beine von ganz Russe besaßen. Er müsse das wissen, fügt er hinzu, wenn er den Onkel in der Firma besucht habe, was vorkam, sei er durch den Raum gekommen, in dem die Typistinnen saßen.

Wenn er lächelt, nimmt sein Gesicht einen kindlichen Ausdruck an, wie das manchmal bei alten Männern der Fall ist, denen man dann anzusehen glaubt, wie sie als Jungen aussahen, mit acht oder zehn Jahren. Unvermutet, sozusagen ohne Vorwarnung, bekommen sie beinahe lausbubenhafte Züge. Bei Frauen ist mir Ähnliches nie aufgefallen. Auch jetzt glaube ich mein Gegenüber vor mir zu sehen, wie er, in kurzen Hosen und ohne Augenklappe, durch den Büroraum geht und den eifrig tippenden Mädchen verstohlen auf die Beine schaut. »Eines der Mädchen wohnte in unserem Haus,« sagt er, »sie schenkte mir ab und zu ein Bonbon, wenn sie mich im Stiegenhaus traf. Sie war Jüdin«, fügt er nach einer Pause hinzu, »doch das erfuhr ich erst viel später, 1943, als die Juden von Russe deportiert werden sollten. Das Mädchen war längst ausgezogen, doch plötzlich wurde in unserem Haus wieder über sie gesprochen, meine Eltern und die Nachbarn fragten einander besorgt, was wohl mit ihr geschehen werde?«

Mit einem Mal ist der Ausdruck des Jungen aus seinem Gesicht verschwunden und vor mir sitzt wieder der alte Mann mit der Augenklappe. Das Mädchen wurde nicht deportiert, Bulgarien hat seine Juden nicht ausgeliefert, obwohl die Deutschen darauf drängten. »Wir Bulgaren haben nicht zugelassen, dass unsere jüdischen Nachbarn verschleppt, in den Tod geschickt wurden. Daran sollte man sich in Westeuropa erinnern, wenn man abschätzig auf uns herabschaut und Zweifel äußert, ob wir überhaupt zu Europa gehören oder nicht eher zum Balkan, zum Orient, rückständige Barbaren. Wo war denn damals Europa mit seiner Kultur, seinem Fortschritt? In Wien und Berlin? Oder eher hier, in Sofia und in Russe?«

Seine Stimme ist laut geworden, von den Tischen nebenan wirft man uns Blicke zu. Es sei spät, seine Tochter warte mit dem Abendessen, ich müsse entschuldigen, sagt er dann und legt, meine Proteste ignorierend, einen Geldschein auf den Tisch. Während er sich steifbeinig zwischen den eng stehenden Sesseln durchzwängt, dreht er sich noch einmal um und ruft mir zu: »Grüßen Sie mir Wien!«

Es klingt beinahe spöttisch. In seinen Erinnerungen schrieb Elias Canetti über seine Heimatstadt: »Die übrige Welt hieß dort Europa, und wenn jemand die Donau hinauf nach Wien fuhr, sagte man, er fährt nach Europa. Europa begann dort, wo das türkische Reich einmal geendet hatte.«

Ein paar Jahrzehnte später wird diese Wertung ihre Gültigkeit verlieren; in Wien, eben noch bewundert und nachgeahmt, hat sich die Barbarei eingenistet. Am 1. März 1941 unterzeichnet der bulgarische Premierminister Bogdan Filow unter dem Druck Hitlerdeutschlands den Beitritt Bulgariens zum Dreimächtepakt, die Unterschrift leistet er in Wien. Am darauf folgenden Tag überschreiten deutsche Truppen, von Rumänien kommend, die bulgarische Grenze. Auf Drängen der im Land stehenden deutschen Verbündeten verabschiedet das bulgarische Parlament eine Reihe judenfeindlicher Gesetze, die den Boden für die Deportierung der rund 50000 bulgarischen Juden bereiten sollen. Aus Berlin wird ein Mitarbeiter Adolf Eichmanns, SS-Hauptsturmführer Theodor Dannecker, nach Sofia geschickt, um den Abtransport der Juden zu organisieren, wie das in anderen verbündeten Ländern oder besetzten Gebieten geschieht, in der Slowakei, in Ungarn, in Belgien, in

Frankreich ... Als die bulgarische Polizei damit beginnt, die Juden für die Transporte zusammenzutreiben, regt sich empörter Widerstand, der orthodoxe Bischof von Plovdiv und Parlamentsabgeordnete richten einen scharfen Protest an die Regierung, in dem sie die antijüdischen Maßnahmen verurteilen. Er werde nicht zögern, so schreibt der Kirchenmann, sich in vollem Ornat vor den Zug zu legen, um den Abtransport der Juden aus seiner Stadt zu verhindern. Die Nazis geben nicht auf. Ein anderer Plan wird entwickelt. Die Juden sollen mit Schiffen nach Wien geschafft werden und von dort mit der Eisenbahn weiter in Vernichtungslager.

Wie sagten die Menschen in Russe, wenn sie nach Wien reisten? »Wir fahren nach Europa.« In diesem Frühsommer 1943 bedeutet die Fahrt die Donau aufwärts für die Juden eine Reise in den Tod.

Auch der zweite Versuch, die Juden in die Gaskammern der Vernichtungslager zu schicken, scheitert. Bulgarische Intellektuelle und Politiker, aber auch einfache Bürger protestieren. Sie wollen die Deportation der Juden nicht zulassen. An der Spitze der Protestbewegung steht der bulgarische Metropolit Stefan, er fordert König Boris III. aus dem Hause Sachsen-Coburg-Gotha auf, die antijüdischen Aktionen unverzüglich einzustellen. Und der König lässt die Deportationen tatsächlich stoppen, ungeachtet aller Proteste aus Berlin. Der deutsche Geschäftsträger in Sofia, Adolf Beckerle, beklagt sich in einem Schreiben nach Berlin vom 7. Juni 1943 bitter über die »Mentalität des bulgarischen Volkes, dem die ideologische Aufklärung fehlt, die bei uns vorhanden ist«.

Einem so entschlossenen, geschlossenen Widerstand gegen ihr Programm der Judenvernichtung sind die Nationalsozialisten nirgendwo sonst in Europa begegnet. Umso erstaunlicher (oder auch nicht?), dass die Geschichte von der Rettung der bulgarischen Juden im übrigen Europa nur wenig bekannt ist.

Auch in Russe wurden über 3000 Juden vor der Deportierung in den sicheren Tod bewahrt, unter ihnen eine junge Typistin mit schönen, schlanken Beinen, die einmal in der Firma Deutsche Werke A. G. beschäftigt war und heute noch manchmal durch die Erinnerungen eines alten Mannes mit einer schwarzen Stoffklappe über dem rechten Auge geistert. Sie verdankte ihr Leben der Tatsache, dass sie nicht in Wien, Berlin, Prag oder Budapest geboren wurde, sondern in einer Provinzstadt an der Peripherie Europas, die wir in den blinden Winkel unserer Wahrnehmung verbannt haben. Auch heute noch.

Als ich am nächsten Tag Russe verlasse, es ist Mittag und die Sonne steht hoch am Himmel, komme ich wieder am Supermarkt an der Ausfallstraße vorbei. Diesmal ist der Parkplatz voll: auffallend viele große, teure Autos, Mercedes, BMW, Geländefahrzeuge, die meisten mit verdunkelten Scheiben. Der alte amerikanische Schlitten ohne Räder ist auch noch da, daneben steigt heller Rauch auf, das Lagerfeuer. Neu ist das Pferd bei dem Auto, es ist mit einem Strick an die vordere Stoßstange gebunden und knabbert an niedrigen Stauden, die den Betonplatz säumen.

*(2007)*

# Warschau

*Verlierer und Gewinner*

Eine Dichterlesung im Klub der Buchhändler in der Altstadt. Schon eine halbe Stunde vor Beginn sind alle Plätze besetzt, und immer noch herrscht dichtes Gedränge auf der schmalen Treppe, die zum kleinen Vortragssaal im ersten Stock führt. Überwiegend sind es ältere Menschen, die kommen. Vor mir sitzt eine stattliche grauhaarige Dame in einem blauen Wollkleid, das so aussieht, als habe sie einige Nächte darin geschlafen. Als sie den Saal betrat, trug sie einen feisten Dackel unter den Arm geklemmt wie eine monströse Wurst, die zappelnd zu entkommen suchte. Nun hat sie den haarigen Begleiter auf dem Fensterbrett neben sich abgesetzt, wo er mieselsüchtig zwischen verstaubten Schusterpalmen hervorglotzt. Der Hund trägt ein Deckchen aus demselben Material wie das Kleid seines Frauerls. Offenbar ist diesem beim Stricken ein Rest Wolle übrig geblieben, den es zu einem wärmenden Stück für den Liebling verarbeitet hat. Die Dame grüßt huldvoll nach links und rechts, was den Dackel zu ärgern scheint, denn er gibt kleine, zornige Kläfflaute von sich, bis sie ihn scharf zurechtweist, so dass er sich kleinlaut hinter die Schusterpalmen verkriecht.

Das Publikum im Saal erinnert mich an frühere Jahre, an Polen vor der Wende. Es ist gekommen, um einen Dichter zu hören, der eine wichtige Rolle in der Opposition gegen die Kommunisten gespielt hat. Und auch die meisten Zuhörer gehören wohl zu jener Schicht Intellektueller, die stets gegen das kommunistische System opponierten. Viele wurden dafür mit materieller Armut bestraft, aus der sie eine stolze Haltung machten: Schaut her, wir tragen selbstgestrickte Pullover und Schuhe aus billigem Kunstleder, weil wir keine Kompromisse schließen, uns nicht kaufen lassen. Diese Haltung haben sie nach der Wende beibehalten, ebenso wie ihre schäbige Kleidung. Viele der hier Anwesenden tragen die alten, schlecht sitzenden Anzüge in dumpfen Braun- und Grüntönen, wie sie lange Jahre von Sofia bis Leningrad das Straßenbild Osteuropas beherrschten, und dazu vergilbte Nylonhemden – Relikte realsozialistischer Mode. Ein Hauch von Ostblocknostalgie weht durch den Saal. Es ist eine boshafte Ironie der Geschichte, dass ausgerechnet die hartnäckigsten Gegner des Kommunismus heute am ehesten an diese Zeiten erinnern. Die frisch gewendeten Kommunisten hingegen, die sich jetzt Sozialdemokraten nennen, haben den Mief der damaligen Jahre längst abgestreift, sind in italienische Schuhe geschlüpft und in englische Anzüge, duften nach Eau de Toilette von Joop oder Christian Dior und machen sich nur Sorgen darüber, ob der funkelnagelneue Mercedes oder BMW noch vor der Tür steht – die Autodiebstähle haben zuletzt wieder zugenommen in Warschau, unter den Kommunisten hat es so etwas nicht gegeben!

Solche Sorgen sind an diesem Abend im Klub der Warschauer Buchhändler nicht zu spüren. Der Vortragende erinnert an die heroischen Zeiten des Kampfes, als es galt, sich den Lockungen der Parteiideologen zu widersetzen und im Widerstand gegen die Zensur nicht zu erlahmen, auch wenn man dafür ein paar Jahre Silentium in Kauf nehmen musste, wie das behördliche Publikationsverbot für Autoren genannt wurde. Die Zuhörer lauschen hingerissen, ein paar klatschen, bis der Dackel unter den Schusterpalmen zu knurren beginnt. Sein Frauerl zischt zornig. Der Vortragende unterstreicht die Rolle Polens bei der Überwindung des Kommunismus. Schließlich habe sein Niedergang, der dann zum endgültigen Zusammenbruch führte, in Polen begonnen. Ohne uns Polen, völlig undenkbar! Nicht zu vergessen die Haltung des polnischen Papstes! Die Dame im blauen Wollkleid schnäuzt sich gerührt. Nun beklagt der Vortragende das erlahmende Interesse der Jugend, die sich einem schrankenlosen Materialismus hingebe und in diesem falsch verstandenen Pragmatismus eben jenen auf den Leim gehe, die man schon für überwunden glaubte, den ehemaligen Kommunisten nämlich, die nun wieder Morgenluft witterten. Die sitzen wieder auf ihren Posten und haben mehr Geld und Einfluss als je zuvor, sagt die Dame im blauen Wollkleid zu ihrer Nachbarin. Die nickt traurig und stumm. Der Vortragende beendet seine Ausführungen mit einer düsteren Vision. Polen habe eine einmalige Chance gehabt, sei jedoch auf dem besten Weg, diese zu verspielen. Die Zuhörer applaudieren. Der Dackel beginnt zu bellen. Sein Frauerl fischt ihn mit geübter Handbewegung zwischen den Schusterpalmen hervor, klemmt ihn unter den Arm und strebt auf die Treppe zu.

*(1996)*

# Sejny

*Brief von der polnisch-litauischen Grenze*

Die Straße von Warschau nach Nordosten, nach Suwałki und dann weiter nach Litauen, vermittelt den Eindruck, dass hier irgendwo Europa, wie wir es kennen, zu Ende geht. Immer öfter queren Sand- und Schotterrippen das Asphaltband; breite, holprige Streifen, über die man im Schrittempo fährt, lange Staubfahnen hinter sich herziehend. Sogar die Fahrer der schweren Lastwagen aus den Staaten der ehemaligen Sowjetunion, aus Estland, Litauen, Russland, aber auch Kasachstan und anderen exotischen Ländern, deren Kennzeichen wir vorher noch nie gesehen haben, Fahrer, die sonst erbarmungslos über die Landstraße donnern, kein Hindernis achtend, schon gar nicht den Gegenverkehr, bremsen vor diesen flachen, aus dem Asphalt drängenden Dünen ihre Kolosse ab. Sind das Relikte einstiger Straßenbauarbeiten? Hat man hier, quer über die Landstraße, Rohre verlegt und dann verabsäumt, die Asphaltdecke wieder zu schließen? Oder sind es ganz natürliche Auflösungserscheinungen, Signale dafür, dass die Straße zurückkehrt zu einem Zustand, wie er vor hundert Jahren herrschte?

Am staubigen, von Unrat übersäten Straßenrand weiden Kühe. An der Einfahrt zu Sejny preist ein großes Reklameschild die Qualität der hier erzeugten Milchprodukte an. Wir kehren in einer kleinen Gaststätte ein und bestellen, die Bilder der staubverkrusteten Kühe vor Augen, Kaffee, ohne Milch bitte, wenn's recht ist!

Sejny ist eine Kleinstadt mit 5000 Einwohnern nahe der

litauischen Grenze. Die Grenznähe erklärt, warum in jedem zweiten Laden an der Hauptstraße ein »Kantor« untergebracht ist, wie die privaten Wechselstuben heißen. Oft ist das nur ein winziger Holzverschlag in einer Ecke eines Ladens, in dem sonst Büstenhalter oder Legobaukästen verkauft werden. Doch selbst neben dem kleinsten Kantor steht ein schwer bewaffneter Wächter, der jede Kundschaft misstrauisch mustert wie einen potentiellen Bankräuber, den man am besten niederschießt, ehe er noch dazu kommt, eine verdächtige Bewegung zu machen. Der jeweilige Tageskurs für russische Rubel, estnische Kronen und litauische Litas wird mit Kreide auf einer kleinen schwarzen Tafel notiert. Die meisten Kunden sind Litauer, die nach Sejny zum Einkaufen kommen, um hier Geschäfte zu machen. Der grenzüberschreitende Handel blüht, vor allem aber der Schmuggel, wie einige schwere Limousinen westlicher Marken mit litauischen Kennzeichen ahnen lassen.

In einer Seitenstraße nahe der Kirche regiert der Campingbett-Kapitalismus, wie er in Polen und den östlichen Nachbarländern überall zu finden ist. Ein improvisierter Markt, auf dem alles und jedes verkauft wird, selbst Waren, von denen man sich nicht vorstellen kann, dass sie Abnehmer finden. Als Verkaufsstand dient meist ein Campingbett; kleineren Unternehmern genügt auch ein Klapphocker oder eine Margarineschachtel, auf der die Ware ausgelegt wird. Eine alte Frau verkauft dicke Wollsocken, selber gestrickt, Schuhbänder, drei Eier und ein Häuptel Salat. Ein Litauer neben ihr hat gebrauchtes Werkzeug im Angebot, darunter eine Winkelschleifmaschine chinesischer Herkunft, so groß wie eine mittlere Drehbank, aber auch Fischkonserven und ein paar Gläser Kaviar, die ungeschützt in der prallen Sonne stehen. »Ganz frisch«, sagt er aufmunternd und deutet auf die bedenkliche Delikatesse, wobei er eine Reihe glänzender Metallzähne entblößt.

In der Stadt Sejny leben rund zehn Prozent Litauer, in der Region macht die litauische Minderheit sogar ein Drittel aus. Die Beziehungen zwischen Polen und Litauern sind traditionell schlecht, belastet von offenen historischen Rechnungen und gegenseitigen Vorurteilen. Etwas über den Zustand dieser Beziehungen sagt der große, frisch getünchte weiße Fleck an einem Gebäude an der Hauptstraße aus, in dem sich das litauische Konsulat befindet. Immer wieder müssen hier antilitauische Parolen überpinselt werden.

Aber es gibt auch eine andere Seite von Sejny. Hier wirkte Bischof Antanas Baranauskas (1835–1902), den die Polen Antoni Baranowski nennen, Schriftsteller, Sprachgelehrter und Mathematiker, der litauisch und polnisch schrieb und sich für eine Verständigung der beiden Völker einsetzte. Diesem Ziel hat sich auch das in Sejny beheimatete Kulturinstitut »Pogranicze« (Grenzland) verschrieben. Nicht nur der Verständigung zwischen Litauern und Polen. »Pogranicze« organisiert Veranstaltungen und Treffen, die alle mit den Grenzregionen Mitteleuropas zu tun haben, mit den Randgebieten und kleinen Vaterländern, wie es auf dem Umschlag der Zeitschrift *Krasnogruda* (Rote Erde) heißt, die »Pogranicze« herausgibt. Das letzte Heft, über 250 Seiten stark, war Prag gewidmet, »der polemischen Stadt«. Im Oktober 1995 organisierte »Pogranicze« in Sejny eine Begegnung unter dem Titel »Bosnien verstehen«, an der zahlreiche Schriftsteller aus dem ehemaligen Jugoslawien teilnahmen. Im Sommer organisiert »Pogranicze«, in Zusammenarbeit mit einer Zeitschrift polnischer Roma, ein »Künstlerisches Zigeunerdorf«, in dem die Teilnehmer in die Kultur der Roma eingeführt werden. Geleitet wird »Pogranicze« von Krzysztof Czyżewski, einem bärtigen jungen Intellektuellen mit unbändiger Energie, die nur von seiner natürlichen Herzlichkeit übertroffen wird. Für das Bukowina-Symposium, das nicht in Sejny stattfindet, sondern im Kloster Wigry am gleichnamigen See, etwa zehn Kilometer von Sejny, hat Czyżewski ein riesiges Programm zusammengestellt, das in Österreich jeden Finanzierungsrahmen sprengen würde. Neben den Vorträgen und Diskussionen gibt es Musik- und Liederabende, Lesungen, Tänze, Filme, alles mit der Bukowina verbunden und ohne viel Aufwand präsentiert. Über siebzig Gäste sind gekommen, aus Ungarn, Rumänien, der Ukraine, Belarus, Deutschland, Österreich und natürlich Polen, die interessiert zuhörenden Einheimischen, meist Jugendliche, nicht mitgezählt. Dem stets freundlichen Czyżewski gelingt es sogar, die Spannungen zwischen Ukrainern und Rumänen zu entschärfen, die in den Diskussionen auftauchen, wenn über die Zugehörigkeit der Bukowina gesprochen wird. Die Rumänen sind ängstlich bedacht, die rumänischen Wurzeln der Bukowina zu betonen. Die rumänischen Gäste sind aus Suceava gekommen, dem Zipfel der Bukowina, der noch heute zu Rumänien gehört. Unter den Ukrainern ist auch der jiddische Schriftsteller Josef Burg aus Czernowitz, der an einem Abend aus seinen Werken liest. Er stammt aus Wischnitz, einem Zentrum des Chassidismus am Fuß der Karpaten, aus einer Familie von Flößern, wie er erzählt, ein Beruf, der unter den Juden am Tscheremosch, dem Grenzfluss zwischen Galizien und der Bukowina, nicht selten war; Josef Burg allerdings hat nichts mehr von einem Flößer an sich,

der viel körperliche Kraft brauchte, er ist klein und zart ge-
baut, mit weichen, feingliedrigen Händen. Es ist erstaun-
lich, dass dieser fast gebrechlich wirkende Intellektuelle so
selbstverständlich die Strapazen der Reise von Czernowitz
nach Sejny auf sich genommen hat. Westliche Intellektuelle sind da nicht so anspruchslos und strapazfähig. Das
denke ich auch, als ich am Abreisetag die Rumänen geschlossen in einen klapprigen Kleinbus rumänischer Bauart
steigen sehe, fröhlich zum Abschied winkend. Als wir sie
fragen, welche Strecke sie durch die Ukraine nehmen wollen, schüttelt der Chauffeur den Kopf. Er fahre über die
Slowakei und Ungarn, insgesamt 1700 Kilometer, die er
ohne Übernachtung zurücklegen wolle, dafür habe keiner
das Geld. Die rumänischen Fahrgäste lachen: Nein, so viel
Geld hat keiner von ihnen. Warum dieser wahnwitzige
Umweg, über die Ukraine ist es doch viel kürzer? Der Fahrer schaut mich an wie einen Verrückten. Über die Ukraine
fahre er um keinen Preis, das sei ihm zu riskant, obwohl er,
als Rumäne, bei Gott unsichere Verhältnisse kenne. Die
ukrainischen Gäste, die sich ebenfalls zur Abreise vorberei-
ten, loben so viel Voraussicht. Die von ihm gewählte Strecke sei zwar um vieles länger, die Straßen seien jedoch besser, sagt der rumänische Chauffeur. Auf das erste Wegstück
nach Warschau freue er sich direkt, da könne er ordentlich
aufs Gaspedal treten. Ich erinnere mich an die tückischen
flachen Dünen und wünsche ihnen eine gute Reise.

*(1996)*

# Die neuen Herren von Danzig

»Rekiet!«, sagt mein Begleiter angewidert. »Überall Rekiet!« In dem eleganten Restaurant an der ulica Długa in Danzig, in das ich ihn zum Mittagessen einladen wollte, tafelt an einem Tisch gleich neben dem Eingang eine große Gesellschaft. Ein Dutzend junger Männer, geschmückt mit blitzenden Goldketten und protzigen Ringen, alle in bunten Jogginganzügen und teuren Markenturnschuhen. Und alle offenbar eifrige Bodybuilder, wie ihre breiten Schultern, stämmigen Nacken und mächtigen Muskeln verraten. Sie unterhalten sich laut in einem Gemisch aus Polnisch, Ukrainisch und Russisch: »Jak idą geszefty?« »Kurwa twoja mat'!«

Sind wir in ein internationales Treffen von Bodybuildern geraten? Mein Begleiter, ein litauischer Dichter und Übersetzer, schüttelt den Kopf. »Mafia«, flüstert er verschwörerisch und schaut finster. Auf dem Tisch der lärmenden Jogginganzuggesellschaft liegen tragbare Telefone, die unablässig läuten. In ihrem kuriosen Pidgin-Slawisch nehmen die jungen Männer über die Handys Anweisungen entgegen oder bellen selber Befehle hinein. Der Besitzer des Restaurants drückt sich ängstlich um den Tisch, wie ein Ministrant um ein lockeres Mädchen, jederzeit bereit, ihre Wünsche im Laufschritt zu erfüllen.

»Das sind die neuen Herren in unseren Ländern«, sagt mein Begleiter verächtlich. Wenn man heute durch Osteuropa fährt, trifft man überall diese jungen, muskulösen Männer in glänzenden Freizeitanzügen, die in Hotellobbys und teuren Restaurants undurchsichtigen Geschäften nachgehen, schwere westliche Wagen fahren und anscheinend über jede Menge Geld verfügen. Diese Mutanten, eine seltsame Kreuzung aus Bodybuildern und Businessmen, gehören zu den Gewinnern der Wende, ja, manchmal könnte man meinen, sie seien die ersten gewesen, die in den achtziger Jahren das Knacken und Krachen im Gebälk des kommunistischen Systems vernahmen und sich damals in stickige Keller aufmachten, in denen es streng nach Männerschweiß und Brillantine roch, um dort eifrig Gewichte zu stemmen und sich auf selbstgebastelten Trainingsgeräten abzuquälen und so ihre Körper in jene Form zu bringen, die ihnen heute, in den Zeiten des wilden Goldgräberkapitalismus, da in vielen Branchen der Wirtschaft das nackte Faustrecht gilt, Erfolg und Anerkennung beschert.

Wir erleben eine totale Krise der Werte, sagt mein Begleiter, die Macht ist hilflos und völlig korrumpiert. Kein anderer Wirtschaftszweig hatte nach 1989 solche Zuwächse zu verzeichnen wie die Kriminalität und, damit eng verbunden, das Geschäft mit der Sicherheit, vom Bewachungsunternehmen bis zum schwerbewaffneten Leibwächter, ohne den kein Geschäftsmann, der etwas auf sich hält, auszukommen glaubt. Der litauische Dichter drängt plötzlich zum Ausgang. Nein, in diesem Lokal bringe er keinen Bissen hinunter, er habe den Anblick dieser »neuen Menschen« satt, und wenn er an die Probleme denke, mit denen sich die Kulturschaffenden in Litauen oder Russland herumschlagen müssten, laufe ihm vollends die Galle über.

Mein sonst so besonnener Freund ist richtig in Rage geraten. Ich habe ihn bei der dritten Konferenz von Übersetzern und Verlegern der baltischen Länder kennengelernt, zu der ich nach Danzig eingeladen wurde, obwohl Österreich wirklich nicht an der Ostsee liegt, wie ich nicht versäumte, den Organisatoren zu erklären. Sie meinten jedoch, ich dürfe das nicht so eng sehen und sei willkommen. Das Treffen fand im ehrwürdigen Großen Ratssaal des Altstädtischen Rathauses von Danzig statt, das seine hanseatische Vergangenheit nicht verleugnen kann. Ich war zuletzt vor zwanzig Jahren in Danzig gewesen und hatte eine graue, triste Stadt in Erinnerung, die mir mürrisch und abweisend erschien. Jetzt machte Danzig auf mich einen fast heiteren, südlichen Eindruck: Die eleganten Geschäfte, vor allem die vielen Juweliere, die Bernstein in allen Farbschattierungen verkaufen, die Antiquitätenläden, Cafés und Restaurants. Auch die Konferenzteilnehmer aus den Ländern der ehemaligen Sowjetunion waren beeindruckt. Gewiss, auch in Russland gibt es viele teure Läden, aber daneben auch die schlimmste Armut. Davon ist in Danzig nichts zu sehen. In Polen geht es unübersehbar aufwärts. In den Vorträgen im Altstädtischen Rathaus, vor allem aber in den Gesprächen am Rande, sind die Klagen der Kollegen aus Russland, Litauen und Weißrussland nicht zu überhören. Während früher auch Übersetzer ganz gut leben konnten, müssen sie heute verzweifelt kämpfen. Viele Verlage sind eingegangen, neue sind kaum in Sicht. Olegas Minkin, ein weißrussischer Übersetzer, der in Litauen zu Hause ist, wo 60 000 Weißrussen leben, die eine eigene Zeitung und einen Verlag haben, berichtet, dass er für einen Band eigener Gedichte gerade fünfzehn Dollar bekommt. Für die Übersetzung eines Bandes mit Gedichten von Cyprian Norwid erhielt er ein einmaliges Honorar im Gegenwert von fünfzig Dollar. Dabei werden seine Übersetzungen von den Experten in überschwenglichen Tönen gelobt. Minkins Leistung ist umso erstaunlicher, als sich die weißrussische Sprache in einer tiefen Krise, einem Zustand des völligen Verfalls, befindet. Wenn man den jungen Weißrussen fragt, wovon er lebt, sagt er verschämt lächelnd: »Handel-Schmandel.«

Handel-Schmandel. So haben die jüdischen »Luftmenschen« in Wilna und Grodno vor 1939 ihren Broterwerb umschrieben. Die Juden sind verschwunden, ausgerottet, ihre Sprache hat, zumindest in einzelnen Ausdrücken, überlebt.

Der Russe Wladimir Britanischski, der mit den tiefliegenden, rot geränderten Augen, den eingefallenen Schläfen und langen, bis auf die Schulter fallenden grauen Haaren an einen Dichter aus der Zeit Dostojewskis erinnert, erzählt von den Kämpfen, die er gegen die Zensur auszufechten hatte. Als er 1972 einen Band mit Gedichten Leopold Staffs (1878–1957) vorbereitete, erhielt die Redaktion einen Anruf vom Parteikomitee für Fragen der Literatur, wie denn Genosse Edward Gierek über Staff denke. Nach Rückfrage bei der polnischen Partei konnte man die beruhigende Antwort übermitteln, dass Gierek große Stücke auf Staff halte. Der Band durfte erscheinen.

Dennoch waren die Übersetzer gegenüber den Schriftstellern stets privilegiert. Sie konnten der Zensur ausweichen. Geriet einer der Autoren auf die schwarze Liste, wandten sie sich einem anderen zu. Die große Zahl hervorragender Übersetzer in den osteuropäischen Ländern erklärt sich auch dadurch, dass viele Autoren, die in Ungnade fielen, als Übersetzer arbeiteten. Die Übersetzungsarbeit half ihnen, sich über Wasser zu halten. Heute muss jeder vor allem bestrebt sein, an westliche Devisen heranzukommen. Für Übersetzer ist das besonders schwierig. Ein russischer Kollege, der in der glücklichen Lage ist, dass auch westliche Zeitschriften seine Essays drucken, erzählt beim abendlichen Bier in der Pension, in der wir untergebracht sind, er habe seine ganzen Ersparnisse, ein paar tausend Dollar, in der Privatbank Tschara in Moskau angelegt. Die Bank gilt als Hausbank russischer Künstler und Intellektueller, die über Devisen verfügen. Kurz vor seiner Abreise habe die Bank die Schalter geschlossen und alle Auszahlungen eingestellt. Was das wohl bedeuten könne? Wir schauten uns betreten an. Was sollen wir ihm sagen? Dass seine Ersparnisse futsch sind? Das wird er früh genug erfahren. Tatsächlich las ich nach meiner Rückkehr aus Danzig, dass der Direktor der Bank tot aufgefunden worden sei. Mord oder Selbstmord. Ein schwerer Schlag für die russische Intelligenz!

So etwas könnte den jungen Männern in den Jogginganzügen nicht passieren. Sie kennen sich aus. Ihnen zieht keiner das Fell über die Ohren, so wie unseren leichtgläubigen Kollegen, die sich nur allzu gern vom Versprechen hoher Zinsen blenden lassen. Warum sind es immer die Intellektuellen, die auf solchen Schwindel hereinfallen, während die halbanalphabetischen Bodybuilder bestens gewappnet erscheinen für die Probleme der neuen Zeit?

*(1995)*

# Galizien

*Abdrücke der Geschichte*

Grybów, Szymbark, Ropica-Polska, Gorlice, Siary, Sękowa, Ropica Górna, Małastów ..., am Telefon hatte mir der
polnische Autor Andrzej Stasiuk die Namen der Orte dik-
tiert, die ich, von Nowy Sącz kommend, passieren müsse,
um zum österreichischen Soldatenfriedhof aus dem Ersten
Weltkrieg am Małastowska-Pass zu gelangen. Hinter dem
Dorf Małastów windet sich die schmale Straße einen bewaldeten Höhenrücken empor, auf einer steilen Wiese gra-
sen Schafe, in einem Wartehäuschen aus grünem Well-
blech sitzen drei Männer und trinken Bier, sie heben zum
Gruß die Flaschen. Der Friedhof liegt auf der Kuppe, dahinter führt die Straße wieder talabwärts, in Richtung
Gładyszów.

Am Morgen bin ich in Nowy Sącz aufgebrochen, ich
übernachtete in einem Hotel am Marktplatz, neben der
Rezeption eine Bar, düster beleuchtet und leer, bis auf eine
blonde junge Frau, die hinter der Theke saß und vor sich
hin döste. Zu Abend aß ich in einem Restaurant mit dem
vielversprechenden Namen »Bona«; blaue Neonleuchten
warfen ein gespenstisches Licht auf die wenigen Gäste und
die Speisen, die ein Mädchen im Minirock vor mich hin-
stellte. Nach dem Frühstück trug mir ein Portier in ver-
schossener grüner Uniform den Koffer zum Wagen. Als
ich ihn nach dem Heldenfriedhof fragte, zuckte er verlegen
lächelnd die Achseln, von dem habe er noch nie gehört, er
komme nicht viel hinaus aus Nowy Sącz, die Arbeit, die Familie. Im Rückspiegel sah ich ihn vor dem Hotel stehen, er

legte zwei Finger salutierend an die Mütze, wie das beim polnischen Militär üblich ist.

Nun stehe ich also am Małastowska-Pass. Eine Tafel informiert, dass im lichten Föhrenwald neben der Straße die sterblichen Überreste von 174 österreichischen Soldaten liegen, Angehörige des 10., 12., 18., 21., 30., 36., 59., 70., 89. und 90. Infanterieregiments sowie des 9. Husarenregiments. Der kleine Heldenfriedhof beherbergt 63 Einzelgräber und vier Massengräber, deren Insassen wohl nicht mehr identifiziert werden konnten. Ein paar Reihen kunstvoll geschnitzter Holzkreuze, dahinter ein wuchtiger, altarähnlicher Aufbau mit Schindeldach, über dem ein monumentales Kreuz hochragt, in der Mitte die Kopie des Bildes der Gnadenmutter von Częstochowa, versehen mit einer Inschrift in etwas wackeligem Deutsch:

Bleibt eingedenk in eures Glückes Tagen
Dass dieser Grund von heißem Kampf geglüht
Dass Todeswunden Tausende getragen
Damit die Sonne euch umblüht.

*Hans Hauptmann*

Die hier begrabenen Soldaten sind während der großen Offensive der zaristischen Armee zu Beginn des Ersten Weltkrieges gefallen. Die österreichischen Truppen wurden vom Schwung des Ansturms der Russen völlig überrascht und erlitten beim hastigen Rückzug verheerende Verluste. Die Frustration und Wut der Österreicher über die unerwartete Niederlage bekamen die ukrainischen Bewohner Galiziens, damals noch Ruthenen genannt, zu spüren. Ukrainische Bauern, vor allem jedoch orthodoxe Priester, wurden massenweise der Spionage für Russland verdächtigt und vielerorts ohne Gerichtsverfahren aufgeknüpft – als »Beweis« genügte in manchen Fällen schon die Tatsache, dass die Ukrainer, wie die Russen, kyrillisch schreiben und teilweise der orthodoxen Kirche angehören.

Als es den Österreichern mit Hilfe der deutschen Verbündeten im Frühjahr 1915 gelang, die Russen in der so genannten »Operation Gorlice« zurückzudrängen und ihnen die besetzten galizischen Gebiete wieder abzunehmen, begann man damit, die Gefallenen der vergangenen Schlachten, viele nur provisorisch oder gar nicht begraben, zu bergen, zu exhumieren und, so weit das noch ging, zu registrieren, allein in Westgalizien waren es über 60 000.

Zu diesem Zweck wurde vom Kriegsministerium in Wien eine eigene Kriegsgräberabteilung mit Sitz in Krakau ins Leben gerufen, geleitet von einem Oberst Rudolf Broch und Hans Hauptmann, dem Autor der Verse am Małastowska-Pass. Hauptmann, aus dem deutschen Coburg gebürtig, im Zivilberuf Bankkaufmann, mit einer ausgeprägten Ader für Lyrik, machte sich in den Kriegsjahren einen Namen als Autor heroischer Schützengrabengedichte, von denen sogar eine Sammlung mit dem wuchtigen Titel »Heraus dein Wälsung-Schwert!« erschien.

Die Kriegsgräberabteilung des Militärkommandos Krakau beauftragte Architekten, Bildhauer und andere Künstler, überall in Galizien Heldenfriedhöfe zu errichten, nicht einen oder mehrere große, zentrale, sondern zahlreiche kleinere, wie jenen am Małastowska-Pass. Jeder Gefallene sollte, als Dank des Vaterlandes, ein würdiges Begräbnis und eine kunstvoll gestaltete Grabstätte erhalten, die Christen ein Kreuz, Soldaten jüdischen Glaubens eine Stele mit dem Davidstern, Moslems (Bosniaken) eine mit dem Halbmond. Als Motto für ihr barmherziges Werk wählten

Rudolf Broch und Hans Hauptmann eine Zeile aus dem Buch Exodus (3,5): »Leg deine Schuhe ab; denn der Ort, wo du stehst, ist heiliger Boden.«

Der Entwurf für den sorgfältig renovierten Friedhof am Małastowska-Pass stammt vom slowakischen Architekten Dušan Jurkovič. Er hatte an der Kunstgewerbeschule in Wien studiert und sich später eingehend mit der walachischen Holzarchitektur beschäftigt, das hinterließ in den von ihm errichteten galizischen Heldenfriedhöfen deutliche Spuren. Jurkovič entwarf im dünn besiedelten, waldreichen Gebiet der Beskiden mehr als dreißig Begräbnisstätten, für die er ausschließlich am jeweiligen Ort vorgefundene Materialien verwendete, heimisches Holz und Stein. Die Gedenkstätten ließ er an sorgsam ausgewählten Stellen errichten, auf Gebirgspässen, Berggipfeln, an malerischen Hängen, nach Möglichkeit dort, wo tatsächlich gekämpft und gestorben wurde. Darin unterschied sich Jurkovič, wie er selber schrieb, von den meisten seiner österreichischen Kollegen, die ebenfalls in Galizien tätig waren: »Während meine Wiener Kollegen ihre Friedhöfe in der unmittelbaren Nachbarschaft von den allgemeinen Friedhöfen in Städten und Siedlungen anlegten, wählte ich entlegene Berge, steile Gipfel und vor allem die Orte der heißesten Kämpfe. Während meine Kollegen Parks anlegten, Wege mit Kies bestreuten, Buschwerk und Blumen pflanzten, beschloss ich, meine kleinen Friedhöfe in die natürliche Schönheit der Karpaten zu setzen, als wären sie dort von den unsichtbaren Händen der lokalen Volkstradition geschaffen worden.«

Die Grenzregion der Beskiden im Südosten Polens ist förmlich übersät mit kleinen Heldenfriedhöfen, entworfen und gestaltet von Dušan Jurkovič und anderen Architekten und Künstlern. In einem Führer durch die galizischen Kriegsfriedhöfe finde ich, unter vielen anderen, die österreichischen Architekten Gustav Rossmann, der für zahlreiche Friedhöfe in der Gegend von Tarnów verantwortlich zeichnete, und Hans Mayr, die polnischen Maler Wojciech Kossak, Adolf Karpiński oder Wojciech Uziemblo oder den tschechischen Grafiker Adolf Kaspar. Schwierige Steinarbeiten wurden in der Regel von Italienern ausgeführt, für die Zimmermannsarbeiten holte man sich russische Kriegsgefangene, die in der Holzbearbeitung besonders geschickt waren.

Insgesamt wurden in Westgalizien, das die Polen Mała Polska, Kleinpolen, nennen, über 400 solcher Heldenfriedhöfe errichtet, von manchen sind nur mehr die Namen und ihre Lage bekannt, die Kreuze, Stelen und anderen Denkmäler sind längst verrottet, in sich zusammengefallen, oft stößt man nur mehr auf Reste morscher Balken und Steinhaufen, andere Friedhöfe hingegen wurden in den letzten Jahren mustergültig renoviert, mit Hilfe des österreichischen »Schwarzen Kreuzes«, aber auch unter tatkräftiger Mitwirkung der einheimischen Bevölkerung.

Jeder Friedhof erhielt eine Nummer, der am Małastowska-Pass trägt die Nummer 60; im nahen Gładyszów, Friedhof Nummer 55, liegen 13 Österreicher und 92 Russen begraben, ursprünglich ragte in der Mitte der kleinen Anlage ein steinerner Turm hoch, der jedoch im Jahre 1939 von polnischen Grenzsoldaten zerstört wurde, damit ihn der Feind nicht als Beobachtungsposten nutzen konnte. In Wola Cieklińska, Friedhof Nummer elf, liegen in einem kleinen Waldstück nahe einer Straßenkreuzung eine unbekannte Anzahl deutscher Soldaten, vom 3., 13., 39. und 46. Bayerischen Infanterieregiment, und Russen. In Radocyna, Friedhof Nr. 43, wie alle anderen hier genannten von Dušan Jurkovič entworfen, liegen vier Österreicher und 79 Russen ...

Es geschah nicht selten, dass Freund und Feind nebeneinander bestattet wurden, gleichsam Schulter an Schulter: Österreicher, Polen, Ukrainer, Ungarn, Deutsche und Russen, im zweiten großen Krieg, wenige Jahrzehnte später, wäre das undenkbar gewesen, da war man streng darauf bedacht, dass Feindseligkeit, Hass und Verachtung gegenüber dem Gegner auch über den Tod hinaus nicht erloschen.

Am nächsten Tag führt mich Andrzej Stasiuk zum Friedhof von Czarne, ein Dorf, das es nicht mehr gibt, nur noch der Name, die Erinnerung existieren, die Gebäude sind großteils verschwunden, im hohen Gras, seit langer Zeit nicht mehr gemäht und von keinem Vieh abgeweidet, sind noch hier und da die Umrisse von Fundamenten zu erkennen, das Holz ist vermodert, zu Staub zerfallen, vielleicht wurden die Häuser auch angesteckt, um die letzten Spuren der einstigen Bewohner zu tilgen. Allein die große Holzkirche von Czarne blieb erhalten, sie wurde im Jahre 1993 abgetragen und in das Freilichtmuseum von Nowy Sącz gebracht. Auch von dem in Czarne gelegenen Heldenfriedhof aus dem Ersten Weltkrieg, Nummer 53, entworfen von Dušan Jurkovič, ist nicht mehr viel übrig, die Holzkreuze sind verrottet, ebenso die Umzäunung, nur ab und zu stolpert man im Gras über morsche Bretter. Erhalten blieb nur eine Tafel mit der optimistischen Aufschrift: »Wir waren die Frucht, wir wurden zum Samen, der tausendfache Ernte hervorbringt.«

Die Bewohner von Czarne, Angehörige der ukrainischen Volksgruppe der Lemken, wurden nach dem Zweiten Weltkrieg ausgesiedelt. Die ukrainische Minderheit in Polen besitzt eine tragische Geschichte, deren Abdrücken man überall begegnet, im einstigen Czarne ebenso wie in Wołowiec, wo Andrzej Stasiuk heute mit seiner Frau lebt und den Verlag führt, den sie nach dem Dorf Czarne benannt haben.

Vor 1945 lebten in Wołowiec noch 128 Familien, erzählt Stasiuk, der sich eingehend mit der Geschichte des Ortes und seiner Bewohner beschäftigt. Alle waren Lemken, mit Ausnahme von zwei Juden, die die Dorfschenke führten. Heute leben nur mehr ein paar Familien in dem kleinen, nahe der slowakischen Grenze gelegenen Ort, er besteht aus einer Handvoll Häuser und einer alten Holzkirche. Die schmale, löchrige Straße, die von Gorlice über Siary und Sękowa herauf führt, ist hier zu Ende, hinter dem Ort gibt es nur mehr Wald, Buchen und Föhren, Hochweiden und saure Wiesen, in zwei Stunden Fußmarsch erreicht man die slowakische Grenze.

Schenke gibt es keine mehr in Wołowiec, auch keinen Laden, zweimal in der Woche kommt ein kleiner Lieferwagen, als mobiler Laden, sogar in dieser menschenleeren, entlegenen Gegend hat sich seit dem Krieg viel verändert. »Die alte Welt der Lemken ist für immer verschwunden, zerstört«, sagt Stasiuk und deutet auf einen verwilderten Kirschbaum, der wie ein schwarzer Reisigbesen in den Himmel ragt. Der Baum stand einst neben einem Haus; wenn man genau hinschaut, kann man die Umrisse erahnen, wo einst die Stube war, wuchern Wacholder und Weißdorn.

Nach 1945 gingen viele Lemken – nicht immer freiwillig – nach Osten, in die sowjetische Ukraine, wo ihnen Propagandisten das Paradies auf Erden versprachen. In Wirklichkeit erwarteten sie triste Kolchosen mit Entbehrungen, Hunger, permanentem Mangel, Zwangswirtschaft. Die verbliebenen Lemken wurden 1947 von den polnischen Behörden zwangsweise ausgesiedelt. In Südostpolen waren nach 1945 ukrainische Partisanen aktiv, die noch nach Kriegsende für eine freie, unabhängige Ukraine weiterkämpften. Als 1947 der stellvertretende polnische Verteidigungsminister von ukrainischen Partisanen in einem Hinterhalt erschossen wurde, antworteten die polnischen Behörden mit einer beispiellosen Strafaktion, der sie den harmlosen Namen »Aktion Weichsel« gaben.

Alle Ukrainer wurden aus ihren angestammten Gebieten in Südostpolen vertrieben und in Regionen im Westen umgesiedelt, aus denen zuvor die Deutschen ausgesiedelt worden waren. Häuser und Kirchen wurden niedergebrannt, ganze Dörfer dem Erdboden gleichgemacht. In einem Führer durch die Beskiden aus dem Jahre 1997 finden sich Zeichnungen von alten Holzkirchen der Lemken, großartige Zeugnisse einer reichen Volkskunst; bei den meisten Zeichnungen steht der lakonische Vermerk: existiert nicht mehr. Erst nach 1956 wurde den ersten Ukrainern gestattet, wieder in ihre Dörfer zurückzukehren. Doch viele Dörfer gab es nicht mehr, andere, wie Wołowiec, bestanden nur mehr aus wenigen Häusern, in denen nun Polen wohnten. Die früher unierten oder orthodoxen Kirchen – die Lemken gehören der griechisch-katholischen, unierten, oder der orthodoxen Kirche an – waren römisch-katholischen Gemeinden übergeben worden, die sich weigerten, sie zurückzugeben.

Die Aussiedlung wurde für die Lemken zu einem Trauma, das ihre Identität geprägt hat, bis heute, sagt Andrzej Stasiuk. Vor 1939 bezeichneten sich die lemkischen Bauern und Holzarbeiter nicht als Ukrainer, sondern einfach als »tutejsi«, als »Hiesige«, die sich von den Polen durch ihren Dialekt und ihren Glauben unterschieden. In Wołowiec waren die meisten orthodox. Die Holzkirche aus dem 18. Jahrhundert mit ihren drei schindelgedeckten Türmen ist eine der wenigen, die nicht zerstört wurde. Doch auch sie bekam die Wut des Nationalismus zu spüren. In den fünfziger Jahren stellten Hirten ihre Schafe und Kühe in der Kirche unter, die historisch wertvolle Inneneinrichtung wurde geplündert und vernichtet.

Was man heute sieht, sind traurige Reste, Ruinen, überwucherte Brandstätten, doch das Klima und das Bewusstsein haben sich in den letzten Jahren verändert, die alten Vorurteile und Feindseligkeiten zwischen Polen und Ukrainern sind zwar nicht völlig ausgeräumt, doch es gibt viele Anzeichen einer Verständigung, ja Versöhnung. Der Verlag Czarne, den Andrzej Stasiuk und seine Frau Monika Sznajderman gemeinsam führen, kann als Beweis dafür gelten. Hier erscheinen die wichtigsten ukrainischen Autoren der Gegenwart in polnischer Übersetzung – dass sie den Verlag nach einem von Polen zerstörten ukrainischen Dorf benannt haben, ist ein ermutigender, nicht nur symbolischer Schritt. *(2007)*

# Text- und Bildnachweis

*Unheimliche Normalität*, profil extra, Mai 2005

*Entjudung*, Archiv Martin Pollack

*Jäger und Gejagter. Das Überleben der SS-Nr. 107 136*, TransAtlantik, 11/1982

*Zigeunerangelegenheiten I bis IV*, Berichte über die Ereignisse in den Gemeinden, 1945 bis 1956, Burgenländisches Landesarchiv, Eisenstadt

*Zwischen Bocksdorf und Stegersbach. Südburgenländische Beobachtungen*, Literatur und Kritik, März 2001

*Der österreichische Weg. Epilog auf eine verschwindende Minderheit*, TransAtlantik, 8/1983

*Warum wurden Stanisław Mędrek und Stanisław Grzanka erschossen?* Originalbeitrag, 2007

*Die verschwundenen Juden von Prokurava*, Literatur und Kritik, September 1998

*Der letzte Jude von Borschtschiv*, Originalbeitrag, 2007

*Bildergeschichte. Fotografische Fundstücke*, Originalbeitrag, 2007

*Die Einsamkeit der Weißrussen. Nachrichten aus einem postsowjetischen Freilichtmuseum*, Literatur und Kritik, September 2001

*Nachruf auf Reynaldo oder Wie wir am Sozialismus verzweifelten*, Literatur und Kritik, Juli 2002

*Schwule in Ljubljana*, ungekürzte Fassung eines *Spiegel*-Beitrages, 1985

*Titos verstoßene Enkel. New Wave in Ljubljana*, TransAtlantik, 1/1984

*Baja. Redliche Menschenhändler*, Literatur und Kritik, Juni 1995

*Nach der Befreiung. Osteuropäisches Lamento*, Kursbuch 100/1990

*Russe. Nachrichten aus der bulgarischen Provinz*, fotografia europea/european photography, Bologna 2007

*Warschau. Verlierer und Gewinner*, Literatur und Kritik, November 1996

*Sejny. Brief von der polnisch-litauischen Grenze*, Literatur und Kritik, Juni 1996

*Die neuen Herren von Danzig*, Literatur und Kritik, Juni 1995

*Galizien. Abdrücke der Geschichte*, Originalbeitrag, 2007

Die Bilder stammen aus den Privatarchiven von Anna Fuchs und Martin Pollack.

Seite 197/98: Elias Canetti, Gesammelte Werke Band 7: Die gerettete Zunge. Geschichte einer Jugend © 1994 Carl Hanser Verlag, München